Educação patrimonial e políticas públicas de preservação no Brasil

Educação patrimonial e políticas públicas de preservação no Brasil

Tatiana Dantas Marchette

2ª edição

Rua Clara Vendramim, 58 . Mossunguê
CEP 81200-170 . Curitiba . PR . Brasil
Fone: (41) 2106-4170
www.intersaberes.com
editora@intersaberes.com

Conselho editorial: Dr. Alexandre Coutinho Pagliarini + Drª Elena Godoy + Dr. Neri dos Santos + Mª Maria Lúcia Prado Sabatella
Editora-chefe: Lindsay Azambuja
Gerente editorial: Ariadne Nunes Wenger
Assistente editorial: Daniela Viroli Pereira Pinto
Edição de texto: Monique Francis Fagundes Gonçalves
Capa: Laís Galvão dos Santos (*design*) + Charles L. da Silva (adaptação)
Tatiana Dantas Marchette; RHJPhtotos, Val Thoermer, Tiago Ladeira, Filipe Frazao, celio messias silva, Curioso.Photography e Ksenia Ragozina/Shutterstock (imagens)
Projeto gráfico: Charles L. da Silva
Diagramação: Estúdio Nótua
Iconografia: Regina Claudia Cruz Prestes

Dados Internacionais de Catalogação na Publicação (CIP)
(Câmara Brasileira do Livro, SP, Brasil)

Marchette, Tatiana Dantas
  Educação patrimonial e políticas públicas de preservação no Brasil / Tatiana Dantas Marchette. -- 2. ed. -- Curitiba, PR : Editora InterSaberes, 2023.

  Bibliografia
  ISBN 978-85-227-0718-8

  1. Cultura 2. Educação 3. Patrimônio cultural – Preservação 4. Políticas públicas – Brasil I. Título.

23-160373 CDD-363.69

Índices para catálogo sistemático:
1. Patrimônio cultural : Memória e preservação 363.69

Eliane de Freitas Leite – Bibliotecária – CRB 8/8415

1ª edição, 2016.
2ª edição, 2023.
Foi feito o depósito legal.

Informamos que é de inteira responsabilidade da autora a emissão de conceitos.

Nenhuma parte desta publicação poderá ser reproduzida por qualquer meio ou forma sem a prévia autorização da Editora InterSaberes.

A violação dos direitos autorais é crime estabelecido na Lei n. 9.610/1998 e punido pelo art. 184 do Código Penal.

Sumário

7   *Prefácio*
11 *Apresentação*
17 *Organização didático-pedagógica*

21 **O que queria o poeta Mário de Andrade?**
23 1.1 Mário de Andrade e a Semana de Arte Moderna de 22
39 1.2 A Constituição Cidadã e o patrimônio cultural brasileiro
55 1.3. O patrimônio cultural imaterial e seu registro: as sociedades tradicionais
66 1.4 Rumo ao século XXI: as cidades como lugares de memória

87 **Laços entre patrimônio, cultura e educação**
89 2.1 O que é educação patrimonial?
104 2.2 As práticas da educação patrimonial: inventário e registro das referências culturais brasileiras
113 2.3 Economia criativa: diálogo com o patrimônio cultural intangível
117 2.4 Acesso à cultura e à educação

131	**Volta ao mundo em cartas e recomendações patrimoniais**
133	3.1 Cartas de Atenas, 1931 e 1933
139	3.2 O espírito do passado na Carta de Veneza de 1964
143	3.3 Recomendações de Paris
151	3.4 As culturas híbridas no continente americano
165	**O patrimônio cultural e os cinco sentidos**
167	4.1 O patrimônio cultural no Programa Monumenta e no PAC Cidades Históricas
177	4.2 Experiências sensoriais: o que é acessibilidade?
183	4.3 Patrimônio cultural, inclusão social e educação patrimonial
186	4.4 Educação inclusiva
197	*Considerações finais*
199	*Referências*
215	*Bibliografia comentada*
217	*Consultando a legislação*
233	*Respostas*
235	*Sobre a autora*

Prefácio

A educação patrimonial há algum tempo vem sendo ferramenta utilizada por diversas instituições ligadas ao ensino e/ou voltadas para ações culturais na construção da identidade e da cidadania. O conceito de **patrimônio cultural**, em sua materialidade e imaterialidade, vem sendo construído desde o início do século XX, com o estabelecimento de políticas públicas voltadas para a identificação e o reconhecimento desses bens. Até meados do século passado, somente era preservado o patrimônio em sua concepção física. Era a ação de se manter edifícios e monumentos, marcos do passado que fizeram parte da história nacional.

Os museus também estão entre esses monumentos, considerados lugares especiais: o patrimônio cultural de determinada pessoa ou sociedade é ali sacralizado e preservado.

Com base na ideia de que somos sujeitos da história e de que esta é construída com os saberes e os fazeres, iniciou-se outro processo de análise desse patrimônio. O Decreto Federal n. 3.551, de 4 de agosto de 2000 (Brasil, 2000a), instituiu o registro do patrimônio imaterial, endossando essas ações e abrindo novas frentes de observação e identificação.

Da ideia inicial, voltada para a preservação dos bens edificados, às práticas atuais de educação patrimonial percorreu-se um caminho composto de conceitos, metodologias e práticas que proporcionam a consolidação do patrimônio como algo bem mais amplo.

A inserção da educação patrimonial como ferramenta para trabalho do historiador vem reforçar as ações educativas, propiciando a análise da história passada e contemporânea, posicionando o indivíduo como **cidadão** e **sujeito**.

Nesse viés, a autora analisa a questão patrimonial ao longo das décadas dos séculos XX e XXI, no Brasil, demonstrando as transformações pelas quais a preservação patrimonial passou graças a diferentes políticas públicas adotadas no decorrer desse período. Para essa análise, a autora se vale de metodologias, cartas patrimoniais e práticas preservacionistas.

A autora ainda apresenta e discute conceitos da **educação patrimonial**, com ênfase na articulação entre cultura e educação e finaliza com um elemento fundamental da educação patrimonial: os sentidos. Nessa acepção, busca resgatar a relação entre o sentimento de pertença à história e à cultura e a construção da própria história e a da coletividade. É por meio das vivências que se amplia o conceito de pertencimento e se desenvolve o lado afetivo e, consequentemente, a vontade e o sentido de preservar.

Esta obra deixa evidente que o historiador, utilizando a educação patrimonial como ferramenta de trabalho, contribui para o desenvolvimento de ações educacionais voltadas para a formação da identidade e para o exercício pleno da cidadania. Para se preservar o patrimônio, é necessário interagir com o meio cultural em que se está inserido.

Hélina Samyra de Souza Baumel
Museóloga

Apresentação

O tema *patrimônio cultural* é objeto recente de disciplinas acadêmicas e transita por várias áreas do conhecimento, como história, turismo, arquitetura e urbanismo e antropologia, podendo-se observar uma intersecção entre elas. No entanto, a educação patrimonial é ainda uma abordagem de estudos em construção. Foi na década de 1980 que profissionais de diversas áreas ligadas às ações voltadas ao tema e às instituições de patrimônio e memória, principalmente os museus, começaram a realizar encontros, discutir e compartilhar metodologias e procedimentos para alavancar, de modo eficaz, as atividades educativas patrimoniais, que, até aquele momento, aconteciam de forma isolada. Em seguida, surgiram as primeiras publicações norteadoras, com o objetivo de apresentar e analisar a trajetória das políticas públicas de preservação no Brasil, que, na década de 1990, já ultrapassavam mais de meio século de vigência, considerando-se a criação do Serviço do Patrimônio Histórico e Artístico Nacional (SPHAN) em 1937.

Ao longo desse período, no cerne do desenvolvimento da educação patrimonial como objeto de estudos teóricos, metodológicos e de prática profissional, a concepção de patrimônio cultural se transformou, ampliando-se. A prova mais concreta dessa metamorfose foi a inserção do termo *imaterial* na Constituição Federal Brasileira de 1988 (CF/1988 – Brasil, 1988), com sua definição jurídica:

> Art. 216 – Constituem patrimônio cultural brasileiro os bens de natureza material e imaterial, tomados individualmente ou em conjunto, portadores de referência à identidade, à ação, à memória dos diferentes grupos formadores da sociedade brasileira, nos quais se incluem:
>
> I – as formas de expressão;
>
> II – os modos de criar, fazer e viver;
>
> II – as criações científicas, artísticas e tecnológicas;
>
> IV – as obras, objetos, documentos, edificações e demais espaços destinados às manifestações artístico-culturais;
>
> V – os conjuntos urbanos e sítios de valor histórico, paisagístico, artístico, arqueológico, paleontológico, ecológico e científico. (Brasil, 1988)

Posteriormente, foi instituído o Decreto n. 3.551, de 4 de agosto de 2000 (Brasil, 2000a), que estabeleceu o Registro de Bens Culturais de Natureza Imaterial e criou o Programa Nacional do Patrimônio Imaterial (PNPI).

Assim, ao mesmo tempo que a educação patrimonial ganhava espaço entre pesquisadores, órgãos de fomento e os que trabalhavam nos "lugares de memória", do ponto de vista teórico e prático, ocorria um estreitamento conceitual entre *patrimônio* e *popular* (subentendido

principalmente nos modos de criar, fazer e viver), projetando um cenário diferente e diversificado. Os ares democráticos da década de 1980, com o desmantelamento da ditadura civil-militar (1964-1985) no país, fizeram emergir a preocupação com o reconhecimento e a garantia do exercício dos direitos individuais e coletivos, os quais incidem na cultura, articulados intimamente com a ideia de **liberdade**.

Este livro está organizado em quatro capítulos. Apesar de buscar apreender a trajetória da política pública patrimonial no Brasil desde a sua instalação no ano de 1937, as informações não estão distribuídas em uma cronologia linear.

Ao abordar, no Capítulo 1, o estabelecimento da legislação federal de proteção e preservação do patrimônio cultural no Brasil, nos anos 1930, até os programas governamentais ainda vigentes, faremos uma viagem histórica por oito décadas, do passado em direção ao presente. Ao longo desse caminho, nossa intenção é responder a uma pergunta: O que queria Mário de Andrade, considerado um dos principais responsáveis pela concretização da política pública patrimonial brasileira? Sua atuação somente é compreendida se relacionada ao seu tempo, quando o poeta vivenciava o movimento modernista. Intelectuais, artistas, pintores e escritores da primeira fase modernista, nos efervescentes anos 1920, tomaram para si a riqueza cultural nacional como musa, proporcionada pela presença, no território brasileiro, de diferentes etnias e modos de vida que dariam originalidade ao país e marcariam sua identidade. Como representação simbólica, o patrimônio cultural seria, portanto, composto por essa diversidade típica do Brasil. Essa foi a marca dos primórdios da política patrimonial inspirada por esses modernistas, tendo Mário de Andrade como personagem principal.

No entanto, em sua faceta jurídica, tal política apresentou mais rigidez do que riqueza, privilegiando os bens culturais construídos (edificações) como testemunhos de um passado remoto, valorizando o período histórico do Brasil Colonial. Ao acompanharmos essa linha do tempo proposta no primeiro capítulo, percebemos que foi somente na virada do século XX para o século XXI que a legislação nacional patrimonial possibilitou manifestações culturais da diversidade nacional de modo que atuassem também como símbolos da brasilidade, o denominado *patrimônio imaterial*.

A partir disso, os demais capítulos são temáticos e abandonam a cronologia linear para explorar assuntos que remetem ao entendimento da educação patrimonial como uma ação fundamental para a consolidação do conceito abrangente de patrimônio, que passa a abraçar, proteger, valorizar e difundir tanto bens móveis quanto bens culturais intangíveis.

Assim, o Capítulo 2 é dedicado ao tema central deste livro, a **educação patrimonial**. Exploraremos ali conceitos, metodologias e programas devotados ao fortalecimento da cultura e da educação como elementos estratégicos do desenvolvimento do país. Esse contexto afirmativo é, por sua vez, fundamentado na identidade brasileira, diversa, multiétnica e multicultural. Nossa abordagem estará voltada também às posturas internacionais para a promoção da cultura, do patrimônio e da educação, bem como às ações e aos programas nacionais que dialogam com essas normatizações internacionais e que, em território brasileiro, costuram ligações entre acervo patrimonial e cenários urbanos e, mais recentemente, vivem o desafio de dar realidade aos princípios constitucionais com a implementação dos direitos do cidadão em sua diversidade cultural.

No Capítulo 3, visitaremos outros cenários do planeta para constituir um panorama a respeito da diversidade cultural e da busca constante em prol da cultura da paz que mobiliza centenas de nações. No Capítulo 4, comentaremos o fato de que o acesso à cultura deve sim ser universal, mas deve levar em conta que as pessoas são diferentes, diversas, e muitos de nós têm limitações físicas, motoras e cognitivas. Portanto, nosso mundo jamais será homogêneo, como algumas teses racistas por vezes advogaram e advogam ao defenderem a superioridade de algumas etnias humanas em relação às demais por meio de processos de branqueamento, por exemplo.

A você, leitor, cabe, portanto, estudar o conteúdo para adquirir conhecimento teórico e, assim, desenvolver habilidades que possam ser aplicadas profissionalmente, tanto em sala de aula como nos demais espaços de trabalho avizinhados às atividades educacionais e de formação, além de obter informações para atuar plenamente como cidadão.

Organização didático-pedagógica

Este livro traz alguns recursos que visam enriquecer seu aprendizado, facilitar a compreensão dos conteúdos e tornar a leitura mais dinâmica. São ferramentas projetadas de acordo com a natureza dos temas que vamos examinar. Veja a seguir como esses recursos se encontram distribuídos no decorrer desta obra.

Introdução do capítulo

Logo na abertura do capítulo, você é informado a respeito dos conteúdos que nele serão abordados, bem como dos objetivos que a autora pretende alcançar.

Síntese

Você conta, nesta seção, com um recurso que o instigará a fazer uma reflexão sobre os conteúdos estudados, de modo a contribuir para que as conclusões a que você chegou sejam reafirmadas ou redefinidas.

Atividades de autoavaliação

Com estas questões objetivas, você tem a oportunidade de verificar o grau de assimilação dos conceitos examinados, motivando-se a progredir em seus estudos e a se preparar para outras atividades avaliativas.

Atividades de aprendizagem

Aqui você dispõe de questões cujo objetivo é levá-lo a analisar criticamente determinado assunto e aproximar conhecimentos teóricos e práticos.

Indicação cultural

Nesta seção, a autora oferece algumas indicações de livros, filmes ou *sites* que podem ajudá-lo a refletir sobre os conteúdos estudados e permitir o aprofundamento em seu processo de aprendizagem.

Para saber mais

Você pode consultar as obras indicadas nesta seção para aprofundar sua aprendizagem.

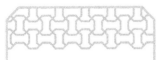

Bibliografia comentada

Nesta seção, você encontra comentários acerca de algumas obras de referência para o estudo dos temas examinados.

Consultando a legislação

Nesta seção, você confere como se apresenta a fundamentação legal dos assuntos desenvolvidos na obra, em toda a sua abrangência, para você consultar e se atualizar.

O que queria o poeta Mário de Andrade?

Neste capítulo, comentaremos os primórdios da política pública de proteção ao patrimônio cultural brasileiro, iniciada em 1937, quando foi criado o Serviço do Patrimônio Histórico e Artístico Nacional (SPHAN)[1]. Nosso fio condutor será a atuação de Mário de Andrade no movimento artístico e cultural denominado **modernismo**.

Também examinaremos passagens da Constituição Federal de 1988 (CF/1988 – Brasil, 1988), conhecida como *Constituição Cidadã*, até chegarmos a temas recentes, como o registro do patrimônio imaterial e o trato patrimonial das cidades históricas. O principal objetivo é analisar historicamente documentos, iniciativas pessoais e coletivas, programas e ações de proteção e preservação do patrimônio cultural brasileiro que embasam a atual política pública nessa área.

◇◇ 1.1 Mário de Andrade e a Semana de Arte Moderna de 22

Poeta, romancista, ensaísta, crítico de arte, folclorista, pesquisador, professor de música e fotógrafo. Mais do que tudo, o paulista Mário Raul de Morais Andrade (1893-1945), ou simplesmente Mário de Andrade, foi um apaixonado pela cultura popular brasileira. Ao longo da década de 1920, realizou viagens em que "redescobriu" o Brasil, fotografando paisagens para estudos e observações dos estilos arquitetônicos e da diversidade de perfis da população das cidades históricas mineiras, da região amazônica e do Nordeste.

A finalidade dos registros iconográficos feitos por Mário de Andrade com sua câmera fotográfica *Kodak* (que ele batizou com a grafia

---

1 A Lei n. 378, de 13 de janeiro de 1937 (Brasil, 1937), criou o órgão responsável pela preservação do patrimônio cultural brasileiro, o SPHAN, e seu respectivo Conselho Consultivo. Desde 1994, esse órgão federal recebeu a denominação, ainda vigente, de Instituto do Patrimônio Histórico e Artístico Nacional, com a sigla IPHAN, forma que adotaremos neste livro para evitar confusões.

abrasileirada de *Codaque*) não era meramente captar o visual, como se fosse um simples turista que mais tarde recordaria os locais por onde passou, como o fazemos em reuniões familiares ou entre amigos. O objetivo do poeta era de cunho sociocultural, de valorização das manifestações artísticas e culturais do país por meio do reconhecimento dos traços definidores da identidade nacional.

Também o público apreciador das fotografias do poeta não se resumia a estrangeiros interessados em um país exótico como o Brasil; o seu público deveria ser formado pelos brasileiros, que precisavam se sentir representados mesmo nas imagens de cenários recônditos do território nacional.

Mário de Andrade não estava sozinho, todavia, nessa empreitada cultural, pois fazia parte de uma geração intelectual – o movimento modernista. A fase do movimento de que Mário participou estabeleceu uma missão primordial: o "abrasileiramento" de todas as esferas da arte – literatura, pintura, música etc. Essas manifestações artísticas deveriam ter como musa a **riqueza cultural nacional**, proporcionada pela presença, no território, de diferentes etnias e modos de vida. Os modernistas buscavam temas e matérias-primas advindas dessa diversidade, produzindo uma arte singular perante o restante do globo. Para pensadores como o poeta Mário de Andrade, a cultura brasileira seria verdadeiramente moderna se a inspiração necessária à produção artística emanasse das tradições nacionais e não das importadas, não pelo menos sem traduzir estas últimas pelo filtro "abrasileirado".

A vanguarda do impulso aos ideais do movimento protagonizou, na cidade de São Paulo, entre os dias 11 e 18 de fevereiro de 1922, a Semana de Arte Moderna.

> Promovida por diversos intelectuais e tendo como idealizadores do movimento Mário de Andrade e Oswald de Andrade, entre outros artistas, a **Semana de 22**, como é mais conhecida, estabeleceu-se na história da cultura brasileira como o momento principiante de reação à importação de movimentos artísticos e mesmo de teorias científicas *alienígenas* (esta palavra tem o sentido de "estrangeiras", aqui utilizada porque exatamente trazia vozes contrárias a uma das vertentes culturais que os modernistas queriam valorizar: a dos indígenas brasileiros).

O agito promovido pelos modernistas ao longo da década de 1920, com os desdobramentos daquele evento, cunhou um conceito que passaria a ser referência nos debates sobre as condições para tornar o Brasil uma nação moderna: a **antropofagia**. Criada pelo escritor Oswald de Andrade e por ele divulgada no *Manifesto Antropófago*, de 1928, essa palavra serviria, naquele momento, segundo as historiadoras Lilia M. Schwarcz e Heloisa M. Starling,

> para mostrar como no Brasil a prática da antropofagia cultural fizera com que adotássemos uma "deglutição" e uma tradução particulares. Ou seja, as influências externas seriam "devoradas e vomitadas", criando-se daí um produto totalmente novo. Estava em curso o retorno de filosofias e culturas ameríndias, mas também africanas. (Schwarcz; Starling, 2015, p. 339)

Desse modo, a atitude modernista poderia, sim, ser adotada e se manifestar em todas as regiões do Brasil, pois toda e qualquer singularidade, desde que legitimamente brasileira – ameríndia e africana com maiores destaques do ponto de vista dos modernistas de 1922 –, poderia fazer parte do repertório cultural que se buscava modernizar. De fato, ao adentrar a década de 1930, surgiram variados movimentos espalhados pelo país, cuja produção cultural, principalmente a literária, extrapolou o viés indígena e africano e passou a incluir autoimagens regionais; isso ocorreu, por exemplo, em São Paulo, foco do modernismo, mediante o enaltecimento da figura do bandeirante, que de desbravador de territórios passou ao posto mais alto do panteão dos heróis paulistas, traduzindo o "jeito paulista" de ser – arrojado, corajoso e empreendedor. O Estado de Minas Gerais, conforme Schwarcz e Starling (2015), desenhou seu autorretrato como a região de nascimento da originalidade da cultura nacional, em decorrência da profusão e opulência em suas cidades e edificações, das técnicas artísticas realizadas por não brancos, como Antônio Francisco Lisboa (1738-1814), conhecido pelo nome *Aleijadinho*.

Independentemente das discussões estéticas e de certo enfraquecimento das ideias mais radicais e próximas dos idealizadores do evento, o objetivo central da Semana de 22 foi atingido com a introdução de um **nativismo**[2] moderno em contraponto ao **academicismo**[3] vigente nas artes e nas letras nacionais, o qual deixava de fora vários artistas, muitas obras e públicos menos favorecidos. Os modernistas realizaram

---

2   Nativismo: "o círculo de letrados românticos reunidos à volta do Instituto Histórico e Geográfico Brasileiro, criado em 1838 – que incluía [os escritores] Joaquim Manuel de Macedo e Gonçalves Dias –, começou a formular um projeto de nacionalidade que se exprimia pela exaltação do índio e da natureza tropical, em oposição à pesada herança portuguesa [...]. Na ausência de uma cultura propriamente nacional, foi nesse terreno que brotou a ideia do nativismo". (Vainfas, 2000, p. 422)

3   Academicismo: "O termo liga-se diretamente às academias e à arte aí produzida. Presentes na Europa desde 1562, com a criação da Academia de Desenho de Florença, disseminadas por diversos países durante o século XVIII, as academias de arte são responsáveis pelo estabelecimento de uma formação artística padronizada [...]. Ao defender a possibilidade de ensino de todo e qualquer aspecto da criação artística por meio de regras comunicáveis, essas instituições descartam a ideia de gênio [...]. Rompem com a visão de arte como artesanato, e isso acarreta mudança radical no status do artista: não mais artesãos das guildas, eles passam a ser considerados teóricos e intelectuais. Além do ensino, as academias são responsáveis pela organização de exposições, concursos, prêmios, pinacotecas e coleções, o que significa o controle da atividade artística e a fixação rígida de padrões de gosto. [...] A chancela oficial das academias, associada à defesa intransigente de certos ideais artísticos e padrões de gosto que os prêmios e concursos explicitam, traz consigo a recusa de outras formas e concepções de arte, o que acarreta um inevitável conservadorismo. Daí o sentido pejorativo que ronda as noções de arte acadêmica e academicismo, associadas à arte oficial, à falta de originalidade e à mediocridade". (Enciclopédia Itaú Cultural, 2016a)

um nativismo atualizado com capacidade para fomentar um nacionalismo singular e único, ou pelo menos para despertar a sociedade por meio da arte e de linguagens artísticas inovadoras.

O momento era propício para o afloramento do sentimento nacionalista renovado, uma vez que em 1922 comemorava-se o Centenário da Independência do Brasil em meio a muitas disputas políticas pelo país afora e levantes militares que desafiavam os rumos tomados pelo governo federal. O agito modernista foi a dimensão cultural inserida nesse cenário efervescente, ainda repleto, segundo a notícia transcrita a seguir, de "academicismo" e "aristocratas", provocando uma onda de reações favoráveis e adversas a essa potencialidade da criatividade dos artistas nacionais, fundamentada e inspirada em uma história independente e livre. Entre os dias 11 e 18 de fevereiro daquele ano, as apresentações artísticas abrigadas no Teatro Municipal de São Paulo renderam aplausos, mas também muitas vaias. Do mesmo modo, alguns jornais da época publicaram notas e críticas boas, mas outros periódicos publicaram matérias não tão positivas.

No caso das notícias reproduzidas a seguir, apesar de serem favoráveis aos *futuristas*, denominação de época para os modernistas, é possível notar que houve percalços no primeiro dia de eventos no Teatro Municipal:

> Feriu-se, segunda-feira, no Teatro Municipal, entre a cultíssima e aristocrática plateia de São Paulo e o grupo escarlate dos futuristas, a primeira batalha da Arte Nova. Não houve mortos nem feridos. Acabou num triunfo.
>
> Graça Aranha, Guilherme de Almeida, Ronald de Carvalho, Vila-Lobos, os heróis já lendários da primeira refrega, saíram-se da justa apoteoticamente, coroados de aplausos. [...] (O combate..., 1922, p. 4)
>
> A vitória
>
> Com o triunfo de ontem, terminou a gloriosa Semana de Arte Moderna. Que ficou dela? De pé – germinando – a grande ideia. Dos vencidos, alguns latidos de cães e cacarelos de galinhas.

Eu jamais supus, da alta educação do nosso povo, que pudesse haver quem chegasse a descer à triste condição de um animal para manifestar seu ódio. [...]

De um lado, artistas de faina diziam versos, recitavam trechos de prosa, enchiam o ambiente de harmonias. De outro lado, alguns indivíduos que chegaram a envergonhar o gênero humano, por dele conservarem apenas o "aspecto", ladravam e cacarejavam. [...] (A vitória, 1922, p. 4)

Nas interpretações realizadas *a posteriori*, no entanto, algo parece ser unânime até hoje: a Semana de 22 foi um marco na história brasileira, que ganhou naquele momento novos parâmetros para a produção artística. Com o movimento modernista e suas redescobertas do Brasil em viagens por diversas porções do território nacional, Mário de Andrade[4] – qualificado pelo Correio Paulistano como "erudito

---

[4] Devemos fazer justiça e citar um antecessor do poeta modernista na cronologia histórica da defesa do patrimônio cultural brasileiro. Em 1934, o Decreto n. 24.735, de 14 de julho (Brasil, 1934b), criava a Inspetoria de Monumentos Nacionais, vinculada ao Museu Histórico Nacional. À frente desse novo órgão, cuja principal função era criar uma rede de museus para proteger o acervo referente à história nacional da dilapidação do comércio de antiguidades e preservar edificações antigas ameaçadas pelo frenético crescimento das metrópoles brasileiras desde os anos 1920, estava outro escritor, o jornalista e advogado Gustavo Barroso. Considerado um dos primeiros museólogos brasileiros, o cearense foi fundador e primeiro diretor do Museu Histórico Nacional. Na Inspetoria de Monumentos Nacionais, Barroso imprimiu um viés nacionalista ao propor um projeto de memória diferente daquele defendido pelos modernistas. Com a criação do IPHAN e a extinção da Inspetoria, em 1937, parecia que tal disputa havia chegado a um desfecho; de um lado, os vitoriosos, os modernistas, dali para frente identificados como pais fundadores da política patrimonial de cunho moderno e popular; de outro, iniciativas entendidas como inócuas, confundidas com posturas antiquadas por valorizarem os heróis nacionais e os grandes feitos da nação no lugar das comunidades populares. Todavia, outro olhar possível acerca das origens da política da preservação do patrimônio cultural, no Brasil, evidencia que a Inspetoria deixou sua marca no próprio IPHAN, uma vez que os cursos de museologia realizados no Museu Histórico Nacional sob a coordenação de Gustavo Barroso forneceram mão de obra especializada para atuarem nos museus que ficaram sob responsabilidade do IPHAN.

e pacífico" – tornou-se uma referência do processo de modernidade cultural a que se pretendia elevar o país.

A importância desse poeta foi acentuada com a publicação, em 1928, da sua principal obra literária, *Macunaíma, o herói sem nenhum caráter*, no qual Mário de Andrade utilizou fartamente a linguagem popular brasileira. Nessa narrativa, imprimiu um perfil nacional colado aos hábitos indígenas e caipiras; o escritor expôs o que se pode denominar, hoje, de *cultura imaterial*, descrevendo costumes, formas de expressão e espaços sociais, que marcaram a identidade brasileira e criaram uma representação do "nativo" a ser valorizada nas produções artísticas nacionais.

No entanto, não somente a confecção de obras de arte e linguagens artísticas inovadoras deveriam traduzir essa identidade nacional, ou "devorar e vomitar" as influências estrangeiras para criar a originalidade brasileira, como registrado por Schwarcz e Starling. Mário de Andrade, especialmente, levou essa preocupação para o campo das questões políticas. A ascensão de Getúlio Vargas ao poder, tornando-o chefe de um governo provisório em 1930, seguida da divulgação de um projeto reformador radical que revelava a pretensão de Vargas prolongar seu mandato, incentivou a articulação do nacionalismo às questões identitárias nas políticas públicas do país, buscando a construção de um "Brasil novo" (Velloso, 1997, p. 13). Para tanto, a serviço da nação, intelectuais foram inseridos nos quadros funcionais dos órgãos governamentais, dedicados a pensar, escrever e debater a nacionalidade que se buscava consolidar, bem como a implantar ações e criar instituições e legislação específicas capazes de instrumentalizar o debate contemporâneo para a modernização brasileira.

O governo getulista, por essas razões, é um referencial para a educação patrimonial. A política pública de preservação do patrimônio histórico e cultural brasileiro atual é testemunha direta desses primórdios, o que veremos a seguir, desde a proposta de Mário de Andrade para a definição do conceito e abrangência de patrimônio até o surgimento da legislação nacional de proteção e tombamento, em 1937.

◇◇◇ 1.1.1 A proposta de Mário de Andrade para o patrimônio histórico e cultural brasileiro

O poeta modernista Mário de Andrade guiou os brasileiros pelos salões do Teatro Municipal de São Paulo no ano de 1922, onde ele e os demais "futuristas" foram aplaudidos por alguns e vaiados por outros. E continuou a orientar, ao longo do caminho inaugural da política pública de preservação e proteção do patrimônio cultural na década seguinte à da Semana de 22.

Mário de Andrade foi defensor de um conceito abrangente de patrimônio ao articular em um mesmo eixo as dimensões **material** e **imaterial**, como explicaremos ao longo deste livro. Para o escritor paulistano, o patrimônio deveria ser considerado, justamente, um complexo formado de elementos tangíveis e intangíveis. Na primeira categoria estariam classificados os bens móveis, físicos e imóveis; na segunda, o conhecimento popular em todas as suas manifestações culturais, como a língua, o folclore e as crenças, que dariam identidade ao país.

No entanto, naquele momento, a diversidade cultural que Mário de Andrade pretendia catalogar a fim de que fosse identificada e preservada não foi bem aceita e provocou até mesmo alguns conflitos. O principal resultado dessa rejeição à proposta de Mário de Andrade foi o privilégio dado aos bens materiais – somente na passagem do século XX para o século XXI é que ocorreria a valorização dos bens de natureza imaterial no ordenamento jurídico brasileiro voltado para a salvaguarda do patrimônio histórico e cultural. Por ora, atenhamo-nos aos tempos do autor de *Paulicera desvairada*, quando ele estava às voltas com a elaboração de um anteprojeto de lei para a preservação de todos os conjuntos patrimoniais existentes no território nacional, materiais e imateriais.

O poeta foi fundador e primeiro diretor do Departamento de Cultura do município de São Paulo, no qual implantou a Sociedade de Etnologia e Folclore, o Coral Paulistano e a Discoteca Pública Municipal. Isso no ano de 1935. O objetivo, grandioso, era o de, a partir da capital paulista, considerada o carro-chefe da nação, transformar o país por meio da cultura. Não sem conflitos, claro. A atuação do modernista é exemplo dessas contradições contemporâneas. Em razão de seu trabalho no Departamento de Cultura, Mário de Andrade foi convidado pelo Ministro da Educação e Saúde, Gustavo Capanema, em 1936, para ser um dos responsáveis pela elaboração de um projeto de lei nacional que regulamentasse o preceito constitucional (Carta Constitucional de 1934 – Brasil, 1934a) que previa a proteção do patrimônio histórico do país. Mário de Andrade partiu da sua visão abrangente de patrimônio, assentada sobre as raízes da cultura popular e de cunho democrático, aos moldes do que se tentava levar adiante no município de São Paulo desde o Departamento de Cultura. A missão a ele encomendada pelo Ministro Capanema era a de dar corpo ao art. 148 da Constituição de 1934, mediante a criação do IPHAN, órgão que passaria a ser o responsável pela aplicação de toda a matéria nesse campo.

Atualmente, é bem aceita a visão de que o Estado Novo (1937--1945), caracterizado por um governo autoritário e totalitário, que se empenhava em apagar diferenças e construir uma sociedade homogênea, não começou exatamente em 1937, quando foi instituído; suas origens residem no ano de 1930, quando Vargas assumiu o poder central, a princípio transitoriamente. A proposta de Mário de Andrade – quanto à valorização de aspectos diversos da cultura nacional, inclusive a dos imigrantes e demais raças formadoras da identidade nacional – viria a divergir daquele que estava em processo na linha de frente do governo getulista e que se tornaria visível a partir de 1937: o apagamento das diferenças em prol de um Estado despolitizado. Em um Estado assim configurado, era complicado colocar em cena diversidades culturais que poderiam evidenciar e fortalecer diferenças políticas, como o anarquismo dos imigrantes italianos, por exemplo. A derrota da proposta integral de Mário de Andrade para a política pública de nível federal voltada para a proteção e preservação do patrimônio histórico nacional, portanto, foi uma derrota a longo prazo e até hoje os brasileiros estão envolvidos na promoção e na efetivação de diversidade cultural em um país que se pretende transparente, democrático e tolerante.

> A derrota da proposta integral de Mário de Andrade para a política pública de nível federal voltada para a proteção e preservação do patrimônio histórico nacional, portanto, foi uma derrota a longo prazo e até hoje os brasileiros estão envolvidos na promoção e na efetivação de diversidade cultural em um país que se pretende transparente, democrático e tolerante.

Entretanto, não obstante esse processo autoritário, não podemos esquecer, não houve o aniquilamento de ideias cuja bandeira era a da diversidade. Propostas não realizadas em seu tempo, como a do anteprojeto de Mário de Andrade, podem ressurgir em outros momentos históricos, não sendo adequado considerá-las vencidas para sempre nas páginas da história, como demonstraremos com a valorização da dimensão imaterial do patrimônio na CF/1988, por exemplo. O legado de Mário de Andrade está nessa construção de possíveis futuros. Naquele momento, porém, o governo federal e sua doutrina totalizante venceram e pelo Decreto-Lei n. 25, de 30 de novembro de 1937 (Brasil, 1937) foi organizada a proteção do patrimônio histórico e artístico nacional mediante a atuação do IPHAN, tratando somente de bens móveis e imóveis relacionados com a história brasileira.

◇◇◇ **1.1.2 O nascimento oficial da política de patrimônio: o Decreto-Lei n. 25/1937**

O Decreto-Lei n. 25/1937 se mostrou bem mais simples do que o anteprojeto de Mário de Andrade, desconsiderando de seu escopo questões culturais relacionadas aos indígenas e aos negros, bem como às culturas operárias. Por outro lado, o destaque ficou por conta da monumentalidade arquitetônica ligada às atividades econômicas da elite proprietária (Sala, 1990), valorizando a paisagem colonial, barroca, de tradição luso-brasileira. Tais formas e períodos históricos foram referências importantes também para o modernismo em sua fase inicial, na década de 1920, uma vez que Mário de Andrade entendia que a cultura da elite não deveria ser excluída do complexo patrimonial. Devemos atentar, porém, para o fato de o IPHAN, em seus primórdios, ter se focado nas manifestações edificadas, na materialidade que abrigou as classes sociais altas em suas fortificações e espaços públicos de poder, relegando a diversidade cultural incorporada na imaterialidade.

Um dos eixos ideológicos do Estado Novo foi a criação e promoção, por meio de propaganda oficial e programas governamentais, de uma **ilusória identidade brasileira homogênea**. Para tanto, faziam-se necessárias a supressão das diferenças étnicas e culturais e a ocultação dos conflitos sociais e políticos existentes na sociedade da época. A política cultural estadonovista, por exemplo, gerou mecanismos para que a memória nacional fosse reconhecida na valorização dos grandes monumentos, com ênfase nas edificações do século XVIII. Esses bens culturais, por conseguinte, não representavam os valores imateriais defendidos no anteprojeto de Mário de Andrade, e eram voltados para a preservação da memória oficial impressa em prédios que haviam abrigado funções públicas, religiosas e militares do período colonial brasileiro.

Um dos principais instrumentos para a proteção do patrimônio histórico e artístico nacional, com o Decreto-Lei n. 25/1937, é o ato vigente do **tombamento**, por meio do qual o Estado adquiriu poder para declarar tombados bens culturais públicos e os pertencentes a particulares, no caso de estes apresentarem valor cultural significativo para a coletividade. O tombamento devia preservar as características principais do bem sem impedir seu uso. Mesmo não absorvendo toda a riqueza dos bens culturais imateriais defendidos no anteprojeto de Mário de Andrade, o Decreto-Lei n. 25/1937 é o mais importante mecanismo vigente de salvaguarda do patrimônio cultural nacional. Em decorrência desse instrumento legal (o decreto) e jurídico (o ato do tombamento), os bens culturais estão presentes nas paisagens urbanas e rurais do território brasileiro como testemunhos de épocas históricas diversas.

Repercutem nos dias atuais polêmicas envolvendo a preservação do patrimônio cultural brasileiro via tombamento e a representação social desses bens culturais privilegiados. Mário de Andrade havia organizado o anteprojeto, no ano de 1936, classificando em oito categorias as obras de arte consideradas patrimoniais:

1. Arte arqueológica;
2. Arte ameríndia;
3. Arte popular;
4. Arte histórica;
5. Arte erudita nacional;
6. Arte erudita estrangeira;
7. Artes aplicadas nacionais ;
8. Artes aplicadas estrangeiras.

Se, no texto do Decreto-Lei n. 25/1937, as manifestações artísticas das culturas ameríndia e popular ficaram à margem, é certo que, para interpretar o nascimento e o desdobramento da política pública de proteção do patrimônio nacional, os especialistas e profissionais da área devem estar atentos às noções diferenciadas de **tempo histórico**, tanto as que existiam no passado em observação quanto as que hoje norteiam suas ações. Se essas ações de preservação têm uma história que se iniciou nos anos 1930, sua criação, seus princípios e suas primeiras ações também merecem ser contextualizados.

O vínculo fixado por uma crítica severa entre política de salvaguarda do patrimônio e proteção de bens culturais representativos de uma elite desenvolveu-se na segunda metade da década de 1980, período marcado pela transição de uma longa ditadura civil-militar (1964-1985) à construção de um país democrático, cujo ápice seria a promulgação da Carta Cidadã de 1988. Muitos estudiosos da história da preservação do patrimônio no Brasil então questionaram o fato de o IPHAN ter sido criado em outro tipo de governo ditatorial, o do Estado Novo, conduzido por Getúlio Vargas. Assim, nos anos 1980, para se estudar o início da política de proteção dos bens culturais patrimoniais no Brasil como raiz de uma continuidade autoritária, era muito comum aproximar, como se fossem praticamente idênticos, dois períodos históricos diferentes – Estado Novo e regime civil-militar. Com isso, essas análises privilegiaram a perspectiva de que os brasileiros seriam herdeiros de governos ditatoriais e de uma política patrimonial elitista, a qual teria vencido definitivamente a outra, mais democrática, construída no anteprojeto de Mário de Andrade.

Todavia, a análise de momentos históricos passados propicia novos olhares para aqueles que se dedicam a essa tarefa. O aniversário de 70 anos de falecimento de Mário de Andrade, nascido no ano de 1893, e a liberação de suas obras em **domínio público**[5], desde 2016, promoveram novas interpretações acerca da gestação da política brasileira de proteção dos bens culturais. Para nossos propósitos, um dos aspectos mais significativos na renovação da análise sobre o conflito entre o anteprojeto (1936) de Mário de Andrade e o texto fixado no Decreto-Lei n. 25/1937 é, justamente, a relativização dos resultados das primeiras aplicações do ato do tombamento. Naquele momento inicial, os tombamentos foram, realmente, de bens imóveis representativos das atividades coloniais em seus aspectos religioso, militar e administrativo, mas os tempos eram de guerra mundial iminente, com duração indefinida. O propósito era salvaguardar para a posteridade o que já estava em vias de desaparecimento – era preciso praticamente "salvar" edifícios considerados históricos e garantir testemunhos visuais de um passado. Como muitos desses primeiros bens passíveis de proteção eram propriedades particulares, daí a importância do instrumento jurídico do tombamento, promovendo a ideia de representação coletiva de um bem cultural.

Todo ato humano é político, e não podemos ignorar o fato de que, no começo, a política pública de patrimônio no Brasil protegeu menos as manifestações populares. Em primeiro lugar, porque talvez se acreditasse que fossem dotadas de longa permanência no tempo e, assim, pudessem aguardar o melhor momento para que as ações governamentais voltassem sua atenção para elas; em segundo lugar, porque o patrimônio imaterial exige outro tipo de instrumento jurídico para sua preservação que não o tombamento, uma vez que não são propriedades palpáveis, ou físicas, pertencentes a um indivíduo, uma família

---

5   Segundo a matéria do direito de propriedade intelectual, o domínio público é a extinção dos direitos patrimoniais do autor sobre a sua respectiva obra intelectual. Nessa condição, as obras passam à coletividade e podem ser livremente usadas. São três os casos em que essa situação se configura: decurso do tempo; falecimento do autor sem deixar herdeiros; obra de autoria desconhecida. No primeiro caso, a obra entra em domínio público após 70 anos da morte do autor, ou do último dos coautores, contados a partir de janeiro do ano subsequente ao falecimento (Lei n. 9.610, de 19 de fevereiro de 1998 – Brasil, 1998).

ou uma empresa, mas algo que abrange uma coletividade. O registro do patrimônio imaterial no Brasil viria muito depois das primeiras atividades do IPHAN, praticamente no século XXI, como veremos no decorrer deste livro.

Além disso, precisamos compreender, em seu próprio tempo, os desafios postos aos pioneiros atuantes no campo da salvaguarda do patrimônio cultural: a evolução dos métodos e técnicas de trabalho do IPHAN, ao lado de iniciativas de vários interlocutores. De uma diretoria central fixada no Distrito Federal, cidade do Rio de Janeiro, o IPHAN implementou escritórios regionais em alguns pontos do país, como em São Paulo. Na capital paulista, os trabalhos foram coordenados por Mário de Andrade, e os desafios da época ele mesmo revela, em carta dirigida ao seu amigo e diretor do IPHAN, Rodrigo Melo Franco de Andrade:

> Acabo de fazer a segunda viagem de perfuntória pesquisa, pelos arredores de São Paulo. Viagens penosíssimas, principalmente a de hoje, pois que trata de pesquisa de capelas e casas-grandes históricas. Desconfio que a coisa terá de ir com muita lentidão. S. Paulo não é como Minas que pode salvar grandezas de arte, e a rebusca aqui implica constantemente a saída das rodovias por verdadeiros trilhos de índios, mesmo aqui pelo arredor da capital. Talvez, aliás, principalmente aqui. [...]. E agora vou dormir que estou sem força mais. Doze horas de sóis e frios bruscos, duas fartas caminhadas a pé e mais fartas e talvez piores chacoalhações de automóvel. (Andrade, 1981, p. 17)

Nessas andanças pelos arredores da cidade de São Paulo, do mesmo modo foram privilegiados edifícios coloniais dos séculos XVII e XVIII, sendo o primeiro imóvel tombado naquele estado o da Igreja de São Miguel Paulista, exemplar do período seiscentista. Era preciso começar de algum modo, mesmo tendo em vista a impossibilidade do acesso a documentos que explicitassem a história da construção desse imóvel com vistas a sua reconstituição física, as dificuldades logísticas para localizar as edificações e a equipe reduzida disponível. E os primeiros passos do IPHAN voltaram-se ao perfil dos bens: de natureza edificada e representativos do Brasil Colônia. Todavia, naquele momento foram constituídos os primeiros procedimentos de trabalho, processos e formação de profissionais para a preservação do patrimônio selecionado. No que tange ao legado de Mário de Andrade referente à preocupação com a imaterialidade da cultura brasileira, este permaneceu vivo, porém envolto, ao longo do tempo, em um movimento de afastamento e de aproximação das práticas cotidianas implementadas pelo IPHAN.

A década de 1930 representou não só o marco inaugural-brasileiro para a salvaguarda do patrimônio cultural, mas também o período de formação das normas internacionais, voltadas principalmente para a restauração de monumentos. A Carta de Atenas, primeiro documento internacional elaborado para orientar a proteção do patrimônio e os processos de restauração de bens edificados, é de 1931, pouco antes dessa pioneira experiência paulista de intervenção na Igreja de São Miguel Paulista. Promovida pelo Escritório Internacional dos Museus da **Liga das Nações**, a Carta de Atenas, também conhecida como *Carta de Restauro de Atenas*, emergiu de um contexto bélico mundial e a perspectiva era mobilizar a humanidade em prol de objetivos coletivos, como a valorização de locais de patrimônio que sensibilizassem a todos os povos e países, tais como: monumentos antigos, de arte e de história, estatuária e escultura monumentais, obras-primas e testemunhos de toda a civilização. O documento anteriormente citado também normatizou condutas de preservação e restauração de bens que ainda estavam danificados desde a Primeira Guerra Mundial e norteou as ações que se tomariam a partir daquele momento. A Carta recomendava, ainda, que as nações criassem ou fortalecessem órgãos próprios voltados a preservação e restauro e destacava a importância de promover ações educativas de sensibilização e divulgação do interesse de salvaguarda dos testemunhos históricos presentes nas cidades na condicação de bens edificados. Desde então, surgiriam instrumentos, entidades, normatizações e corpo legal voltados para a proteção do patrimônio cultural, envolvendo a recuperação dos bens degradados, considerados significativos para a coletividade.

◇◇ 1.2 A Constituição Cidadã e o patrimônio cultural brasileiro

A Constituição Federal Brasileira de 1934, ou seja, antes mesmo da criação do IPHAN (1937), havia estabelecido a obrigatoriedade de o Poder Público proteger os bens culturais, inclusive mediante **tombamento**, o qual pode ser protagonizado pela administração federal, estadual ou municipal, de acordo com o local onde o bem se encontra e do interesse que gera (para indivíduos de uma mesma cidade, unidade da federação ou para o país inteiro). O tombamento, portanto, é um ato de Estado, o qual não pede autorização para tombar uma residência particular, caso seu valor seja reconhecido por uma coletividade. Essa questão também foi abordada na Carta de Atenas de 1931, que recomendou que os interesses comuns se sobrepusessem aos interesses particulares da propriedade privada, a partir de um viés que entendia como neutros os bens patrimoniais, delimitados em uma zona de proteção em caso de conflitos.

Entre a Constituição de 1934 e a Carta do Estado Novo, de 1937, os papéis dos protagonistas da política pública de salvaguarda do patrimônio nacional ficaram mais claros. Comparemos as definições legais dessas políticas nas duas constituições.

Art. 10. Compete concorrentemente à União e aos Estados:
[...]
III – proteger as belezas naturais e os monumentos de valor histórico ou artístico, podendo impedir a evasão de obras de arte;
[...] (Brasil, 1934a)

Art. 134. Os monumentos históricos, artísticos e naturais, assim como as paisagens ou os locais particularmente dotados pela natureza, gozam da proteção e dos cuidados especiais da Nação, dos Estados e dos Municípios. Os atentados contra eles cometidos serão equiparados aos cometidos contra o patrimônio nacional. (Brasil, 1937)

De acordo com o que passou a prever o Código Penal de 1940, em consonância com a Carta de 1937, qualquer ação que desrespeitasse o interesse coletivo poderia ser criminalizada por suas condutas nocivas aos bens culturais. No entanto, ainda que os textos legais tornassem mais explícitas as obrigações de proteção e preservação desses bens, os procedimentos de seleção e de intervenção precisavam, e ainda precisam, ser definidos de forma transparente, considerando-se as técnicas, os materiais a serem aplicados e o momento certo para restaurar e tombar, bem como a função renovada que o bem adquire para a sociedade como um todo. Para nosso tema – educação patrimonial – esse ponto é de extrema importância, pois o modo como são estabelecidos os critérios para a preservação de um determinado bem traduz o grau de intensidade do exercício da cidadania de um país ou da participação popular nas decisões políticas. Assim, antes de darmos continuidade ao desenrolar da política pública objeto desta análise, devemos refletir sobre o conceito de **monumento**, uma vez que esse objeto, conforme vimos, foi privilegiado pelas primeiras ações preservacionistas, nacionais e internacionais, na década de 1930.

Reencontramos, neste ponto do trajeto, Mário de Andrade, que fazia andanças pela cidade de São Paulo com o objetivo de identificar sítios históricos, artísticos, arqueológicos ou paisagísticos de interesse coletivo para serem restaurados e tombados, ajudando a compor, assim, o conjunto do patrimônio cultural brasileiro. Certa vez, o poeta desabafou sobre a grande diferença entre a situação paulista e a mineira, pois nesta última região o patrimônio se escancarava, ao passo que em São Paulo era preciso vasculhar os testemunhos da história colonial.

Figura 1.1 - Vista panorâmica da cidade mineira de Ouro Preto

A monumentalidade foi, inicialmente, a grande norteadora da seleção dos objetos patrimoniais a serem preservados. Mas o que se deve considerar monumento? Segundo o historiador francês Jacques Le Goff, todo monumento é um **documento**, compreendido como "produto da sociedade que o fabricou segundo as relações de forças que aí detinham o poder [...]" (Le Goff, 1984, p. 102). Esse documento, mesmo um monumento de pedra e cal ou feito de qualquer outro material ou a partir de qualquer técnica construtiva, como arcos, colunas e pórticos, é resultado das forças sociais que o produziram intencionalmente, com uma finalidade clara. Por sua vez, todo documento deve ser analisado pelos profissionais que hoje se dedicam ao estudo do passado, como testemunhos de uma intenção, sejam eles textuais, sejam de outra natureza (visuais, audiovisuais etc.). Portanto, ultrapassando o conceito positivista de documento, que o compreendia como uma prova histórica textual dos fatos simplesmente para transmitir os acontecimentos de maneira neutra, é importante partir da premissa de que as provas documentais hoje disponíveis aos historiadores não são obras do acaso, mas frutos das forças políticas, de jogos do poder. Dessa maneira, há sempre uma intenção que subjaz a criação dos documentos, o que inclui a criação de monumentos. Todo documento necessita ser desmontado para ser reconstituído, como um quebra-cabeça, a fim de evidenciar tanto o detalhe quanto o todo, isto é, o acontecimento em si e a construção narrativa da sociedade que o produziu.

Essa postura crítica diante dos testemunhos do passado deve ser defendida pelos profissionais da área. Ao longo deste livro, demonstraremos que grande parte do passado legado graças à preservação patrimonial conta uma determinada versão da história. O conjunto dos bens edificados representa, portanto, certa imagem imposta pelos antepassados, construída sobre si mesmos. Compreender esse processo de elaboração de documentos na condição de monumentos é, pois, um desafio.

O estranhamento provocado pela presença de um monumento em um cenário urbano, em uma praça, parque ou outro tipo de logradouro público é entremeado por mudanças da relação simbólica entre a sociedade e tais objetos de arte. A presença dos monumentos vai além de servir como orientação em meio à teia urbana e representa um vínculo, ao mesmo tempo mais amplo e profundo, entre a arte e o viver em cidades, ultrapassando o que descreveu o modernista Mário de Andrade: os monumentos atuando como estorvos aos cidadãos e à municipalidade:

> Só vejo um jeito do monumento ser educativo: é pela grandiosidade obstruente e incomodatícia. O monumento, pra chamar a atenção de verdade, o monumento que obriga a gente a parar, não pode fazer parte da rua. O monumento tem que atrapalhar. (Andrade, 1976)

A problemática em torno dos monumentos, compreendidos aqui como documentos, ou seja, como registros intencionais de uma construção social e política de seu tempo e como matéria-prima da memória, permite-nos olhar com maior cuidado para os bens materiais e imateriais que se inscrevem no cotidiano. Por mais que uma obra de arte – o busto de uma personalidade histórica, um templo, um palácio ou um conjunto escultórico em homenagem a uma data comemorativa etc. –, não interesse mais a não ser como marco na malha urbana, essa perda de sentido simbólico também é uma forma de percepção social. Questionar por que foi erguida ou por que perdeu grande parte do seu significado para aquele espaço social deve ser um exercício constante, para o qual os cidadãos devem treinar e se aperfeiçoar como moradores de uma cidade, como frequentadores de imóveis tombados, como professores, como artistas etc.

A educação patrimonial é uma das mais interessantes maneiras de promover esse olhar crítico sobre a história e a memória, tendo como balizas os significados políticos e culturais da preservação do patrimônio.

> O objetivo dessa trajetória iniciada nos chamados *tempos heroicos* da política patrimonial brasileira, e sustentada até a atualidade, é demonstrar a dependência entre dois elementos: 1) preservação e valorização dos bens tombados e 2) construção de novos significados socioculturais do patrimônio como um todo, mediante a criação de uma política pública com o fortalecimento dos direitos culturais.

Ainda nos tempos heroicos, os pioneiros, como Mário de Andrade e Rodrigo Melo Franco de Andrade, atuavam cotidianamente nesse campo, tentaram dissociar as ações do IPHAN das iniciativas repressoras do governo estadonovista de Getúlio Vargas; como consequência, a instituição se profissionalizou, mas acabou se isolando. Muitos intelectuais que participaram ativamente naquele período de intervenção do Estado na sociedade foram cobrados posteriormente por essa posição. No entanto, a postura dos intelectuais envolvidos à época na estrutura de um governo autoritário e cerceador de algumas liberdades políticas era a da construção do que se chama *Estado de bem-estar social*, o qual garantiria à sociedade projetos de ação para diversas áreas estratégicas para a modernização do país, entre elas o patrimônio cultural.

Essa imagem em que estão associados intelectualidade e Poder Público enraizou-se e, no caso do Serviço do Patrimônio, mesmo depois da extinção do Estado Novo, imprimiu naquela instituição um perfil elitista que se refletiu sobre a política de preservação por ela conduzida. Tal política foi objeto de críticas severas a partir da década de 1970 e, principalmente, nos anos 1980, à medida que um governo mais democrático avançava em oposição a formas autoritárias experimentadas pelo Brasil ao longo do século XX. É importante considerar, no caminho que percorreremos neste estudo, a longa convivência das políticas de preservação do patrimônio cultural com governos autoritários; mesmo com a existência de momentos de plena liberdade, entre o final do Estado Novo e a redemocratização, tendo como marco desta a CF/1988, houve pouquíssimo avanço nessa questão, em termos legais. A Constituição de 1946, que pôs fim ao Estado Novo, em comparação com a legislação de 1937 – justamente a que inseriu o cidadão como coagente nessa proteção – retrocedeu ao enfraquecer a ênfase na questão patrimonial como um todo, conforme registrado no art. 175:

Art. 175. As obras, monumentos e documentos de valor histórico e artístico, bem como os monumentos naturais, as paisagens e os locais dotados de particular beleza, ficam sob a proteção do Poder Público. (Brasil, 1946)

Quando Mário de Andrade elaborou o anteprojeto para a criação do IPHAN, foram considerados passíveis de patrimonialização conjuntos mais diversificados, incluindo os formados por bens de valor arqueológico, etnográfico e bibliográfico. Tais categorias, apesar de constarem no texto do anteprojeto de 1936, foram desconsiderados pelas práticas preservacionistas por um longo período, sendo (re)valorizadas somente após a implantação dos princípios da Carta de 1988. Esse ressurgimento é o assunto da próxima seção.

◇◇◇ 1.2.1 Lugares de memória

Na década de 1980, o historiador francês Pierre Nora, ao refletir sobre as relações entre memória e história, cunhou a expressão *lugares de memória* para chamar a atenção sobre a valorização da transitoriedade veloz do presente no lugar da preservação das tradições do passado. Com isso, o autor propôs uma diferença entre a **história** diária, decurso dos acontecimentos dinâmicos e presentes, e a **memória**, matéria-prima para os estudos sobre o passado, mediante as experiências individuais e coletivas acumuladas. Segundo Nora (1993), os lugares de memória como museus, arquivos, coleções, cemitérios, monumentos, santuários etc. têm pouco relevo nas sociedades globalizadas. Neles, o que se expõem são formas passadas que não têm mais influência ou representatividade no presente, pois se transformaram em redutos artificiais da memória, não demonstrando nitidamente a relação entre vivência e experiência e se restringindo a um determinado uso.

Ainda de acordo com Nora (1993), no entanto, a necessidade de as sociedades contemporâneas manterem tais espaços demonstra que há, sim, uma relação entre história e memória, mesmo que atualmente enfraquecida (o autor escreveu isso nos anos 1980). É justamente pelo reconhecimento da existência de traços dessa conexão que o conceito **lugares de memória** será bastante utilizado neste livro, com o objetivo de refletirmos sobre a possibilidade de recuperá-los como espaços transformadores do presente, extrapolando a sua função de vitrine de um passado intocável e por vezes irreconhecível. Ampliar os lugares de memória para além das fronteiras das instituições museológicas e arquivísticas, inserindo-os no cotidiano como parte dinâmica das sociedades, é aceitar que os testemunhos da história presente também são experiências válidas. Cremos que, atualmente, com a inserção da dimensão da imaterialidade nos registros patrimoniais, os lugares de memória estejam transformando-se, deixando de ser espaços congelados e passando a ser locais afetivos (Nora, 1993).

Porém, antes de prosseguir em nossa cronologia sobre a política patrimonial brasileira até chegarmos no entendimento sobre o patrimônio imaterial, é interessante retomar os tempos heroicos, quando se deu a criação do IPHAN e foram registrados os primeiros tombamentos. E isso por que alguns estudiosos defendem a importância de retroceder um século em relação a esse período de heroísmo e pioneirismo para localizar mais apropriadamente os primórdios da política de preservação do patrimônio nacional.

Esse início ocorreu 100 anos antes do surgimento do movimento modernista, mais precisamente na década de 1830, quando foi criado o Instituto Histórico e Geográfico Brasileiro (IHGB) na então capital do Império do Brasil, a cidade do Rio de Janeiro. Sob a proteção do Imperador D. Pedro II e com a missão de escrever a história da construção da nação, o IHGB é, por isso, considerado um lugar de memória por excelência. Ali foi abrigada a versão oficial da identidade do país, a partir da qual foram escritas produções do pensamento social brasileiro que influenciaram diretamente a intelectualidade nacional até certamente as primeiras décadas do século XX, quando foi desafiada, justamente, pelos futuristas de 1922. Vencedor do concurso cultural "Como se deve escrever a História do Brasil", uma das primeiras ações daquela instituição cultural dos tempos do Império, o texto de autoria do naturalista alemão Karl Friedrich Von Martius passou a ser o modelo para toda e qualquer produção sobre a identidade nacional escrita dali em diante. A miscigenação racial foi um dos temas mais importantes dessa narrativa oitocentista da formação nacional, pois a mestiçagem poderia ser tratada como algo positivo, demonstrando a singularidade brasileira longe das teorias fatalistas de superioridade da raça branca, ou negativo, quando interpretada como um atraso do país em relação à modernidade estrangeira. Esse tema manteve-se, desde então, na produção intelectual que objetiva interpretar o Brasil. Um dos livros fundamentais que retratam essa realidade é *Casa-grande & senzala*, publicado pelo sociólogo Gilberto Freyre, em 1933, no qual a noção de **raça** e **mestiçagem** são centrais para o autor interpretar o Brasil como exemplo da ideia de *democracia racial moderna*, termo criado e consolidado a partir da década de 1950.

Já explicitamos que todo documento é monumento e, portanto, ambos os empreendimentos (a criação do IHGB, no século XIX, e a do IPHAN, no século XX) atuaram e atuam como veículos e instrumentos cuja matéria principal é a memória para a constituição de narrativas nacionais. Todavia, entre uma entidade e outra há perspectivas diferentes para processar tais narrativas.

A perspectiva temporal está em primeiro lugar. Entre as décadas de 1830 e 1930, a forma de governo mudou, e de Monarquia Constitucional o Brasil se transformou em República Federativa. O nacionalismo, no século XIX, foi construído em oposição à metrópole (Portugal, reino do qual o Brasil se tornou independente em 1822) e em busca de elementos autóctones que o compusessem, dando grande ênfase aos indígenas. Essa valorização foi, porém, idealizada, igualando as heranças das etnias indígenas sem a preocupação de compreendê-las em suas particularidades. Essa narrativa elaborada nos primórdios de uma nação independente teve um caráter historiográfico (seleção de símbolos pátrios e heróis nacionais) e literário (romantismo enaltecedor do tema indígena).

Nas décadas de 1920 e de 1930, a sociedade e o Estado brasileiros haviam mudado muito, sobretudo em seus aspectos urbanos; greves, recrudescimento de movimentos sociais, hábitos transgressores (na moda, na literatura etc.) e outras práticas sociais acabaram revelando uma decepção em face dos rumos tomados pela República instalada em 1889. As unidades federativas se fortaleceram e começaram a reivindicar mais poder e autonomia, e as decisões federais dependiam cada vez mais do jogo entre o governo central e os estados, sendo que os governadores se tornaram peças estratégicas no xadrez da política nacional. O nacionalismo que acompanhou esse período teve sua manifestação mais concreta e espetacular, como analisamos no início deste capítulo, na Semana de 22. Naquele momento, artistas, intelectuais e escritores buscaram o rompimento com o padrão vigente, o da cultura bacharelesca, representada, justamente, pelos grupos ligados a entidades como o IHGB e a Academia Brasileira de Letras (ABL), ambas criadas no século XIX, nos tempos do Império.

Enfim, foram dois momentos históricos diferentes de construção do nacionalismo. Somente no século XX, o Brasil, como Estado, voltou-se para a elaboração de leis gerais de proteção do patrimônio nacional, no bojo das discussões internacionais impulsionadas com o desenrolar das duas guerras mundiais. Se, no século XIX, intelectuais brasileiros se envolveram na invenção de símbolos nacionais que unissem o território em torno de uma identidade, no século seguinte, a intelectualidade brasileira havia recebido uma herança cultural que precisava ser deglutida, conforme os modernos, para ser transformada em algo genuíno, original, concreto.

No entanto, nesses dois momentos históricos, a produção do nacionalismo brasileiro não contou com a participação popular, ficando as ações, as atividades e instituições restritas a uma parcela mais privilegiada da sociedade. A história recente do Brasil, dos últimos 100 anos, é marcada por uma articulação complexa entre **modernização** – quando se faz referência à industrialização e à urbanização – e **modernidade** – relativa ao acesso à cultura e à democratização da produção e consumo e distribuição dos produtos culturais. Ainda nos assolam o país, por um lado, a pouca amplitude da democratização e, por outro, o fato de às classes populares ter sido expandida não a arte culta, mas os produtos da indústria cultural massiva, a qual submete os valores estéticos às tendências do mercado (Canclini, 2013, p. 63).

Ao mencionarmos esse autor de origem argentina, Nestor G. Canclini, aproveitamos para retomar o conceito de **lugares de memória** que orienta este estudo. Se, para o historiador francês Nora, a dimensão simbólica é inerente aos objetos de memória, expostos nos locais de memória (documentos e monumentos), para Canclini, somente uma ritualização cultural (em museus, arquivos etc.) que conheça e aceite o passado com todas as suas contradições pode ser uma atitude libertadora; ou seja, o patrimônio (que se constitui por um conjunto de bens e práticas tradicionais, conforme afirmamos a respeito daquilo que foi valorizado nos primeiros tombamentos do IPHAN) também deve ser entendido como resultado de processos de luta material (quais objetos são representativos do povo) entre grupos sociais e entre temporalidades diferentes.

> Uma política cultural que leva em conta o caráter processual do patrimônio e sua transformação nas sociedades contemporâneas poderia organizar-se conforme a diferença [...] entre o arcaico, o residual e o emergente [...].

O *arcaico* é o que pertence ao passado e é reconhecido como tal por aqueles que hoje o revivem [...]. Ao contrário, o *residual* formou-se no passado, mas ainda se encontra em atividade dentro dos processos culturais. O *emergente* designa os novos significados e valores, novas práticas e relações sociais.

As políticas culturais menos eficazes são as que se aferram ao arcaico e ignoram o emergente, porque não conseguem articular a recuperação da densidade histórica com os significados recentes gerados pelas práticas inovadoras na produção e no consumo. (Canclini, 2013, p. 197-198, grifo nosso)

Não se pode, assim, congelar o passado, mas a partir dele devem estar referenciadas as novas práticas culturais, dando-lhe inteligibilidade em relação ao presente. Mas, o que isso tem a ver com o tema da educação patrimonial? Conforme Canclini, na América Latina, a cultura inovadora é geralmente fomentada pelas corporações privadas, mediante o apoio de incentivos fiscais públicos e outros meios de patrocínio, enquanto a cultura tradicional, incluindo nesse rol o patrimônio, fica sob a alçada quase que exclusiva do Poder Público, o qual enfrenta enormes problemas financeiros e políticos para realizar suas atribuições. Por um lado, a democratização da cultura acaba sendo uma vitória, portanto, da indústria cultural, e não o resultado de uma conquista autônoma dos agentes culturais que atuam diretamente nos campos artísticos; por outro, as questões patrimoniais são a parte pobre dessa história, recebendo menos investimento. Essa dinâmica engendra uma série de resistências à democratização ampla da cultura. Atualmente,

Os museus, todavia, são peças fundamentais, são um desafio recompensador, uma vez que atuam como mediadores culturais e são um ótimo instrumento para aferir a qualidade da educação patrimonial desenvolvida na sociedade, pois são nesses ambientes controlados por regras de visitação que se desenvolvem (e devem ser desenvolvidas) ações amplas para articular presente e passado, presente e memória.

segundo os dados de visitação anual a museus brasileiros para 2014 compilados pelo Instituto Brasileiro de Museus (Ibram), houve aproximadamente 25 milhões de registros de visitação no conjunto dos 837 museus cadastrados nessa instituição. Cada unidade museológica recebeu em média 2,5 mil visitações por mês. Muitas das sedes dessas instituições se localizam em edificações históricas, até mesmo tombadas e em regiões centrais das grandes cidades, o que afasta ainda mais, na perspectiva de fruição e da participação do patrimônio, a população em geral, que recebe maiores estímulos da indústria cultural massiva (IBRAM, 2014)[6].

Os museus, todavia, são peças fundamentais, são um desafio recompensador, uma vez que atuam como mediadores culturais e são um ótimo instrumento para aferir a qualidade da educação patrimonial desenvolvida na sociedade brasileira, pois são nesses ambientes controlados por regras de visitação que se desenvolvem (e devem ser desenvolvidas) ações amplas para articular presente e passado, presente e memória. Se ainda há uma grande ausência de público nos museus, certamente há ainda muito o que ser feito a fim de promover o acesso à cultura, ao patrimônio coletivo. Canclini (2013), aliás, analisou várias dificuldades que impedem os museus latino-americanos de desempenharem um papel decisivo no processo da democratização da cultura. Um desses fatores foi a cisão entre a cultura visual e a cultura escrita, em países com taxas altas de analfabetismo até pouco tempo atrás – como o caso do Brasil, que, na década de 1940, abrigava quase 60% de analfabetos (IBGE, 2012) –, o que possibilitou que as referências visuais sobre o passado do país fossem registradas, por escrito, por uma elite alfabetizada o que nos leva a reencontrar nosso guia, o poeta modernista Mário de Andrade:

---

6   O Formulário de Visitação Anual Museus & Públicos anunciou menos de 8 milhões de visitantes em 1.118 museus, número que é justificado pela pandemia do Coronavírus, segundo o Instituto Brasileiro de Museus (IBRAM).

Na Argentina, Brasil, Chile e Uruguai, a documentação inicial das tradições culturais foi realizada mais por escritores [...] que por pesquisadores da cultura visual. Ricardo Rojas e Martínez Estrada, Oswald e Mário de Andrade, inauguraram o estudo do patrimônio folclórico e histórico, ou o valorizaram e o conceberam pela primeira vez dentro da história nacional. Esse olhar literário sobre o patrimônio, inclusive sobre a cultura visual, contribuiu para o divórcio entre as elites e o povo. Em sociedades com alto índice de analfabetismo, documentar e organizar a cultura privilegiando os meios escritos é uma maneira de reservar para minorias a memória e o uso dos bens simbólicos. (Canclini, 2013, p. 143)

A década de 1980 foi marcada no Brasil por uma inflexão, sendo marco fundamental na história renovada da política pública de proteção ao patrimônio nacional. Além do crescimento gigantesco das indústrias culturais de massa, o Brasil viveu a experiência da reconstrução da democracia, como exercício de cidadania e, também, das estruturas de poder. Era preciso nova legislação, entidades públicas com mais transparência e canais de participação social. No que tange ao patrimônio, a CF/1988 instaurou marcos legais que, finalmente, inovaram o ordenamento jurídico brasileiro em relação aos modernos conceitos internacionais. Vale a pena reproduzir o art. 216, o qual orienta a atuação profissional ainda hoje:

Art. 216. Constituem patrimônio cultural brasileiro os bens de natureza material e imaterial, tomados individualmente ou em conjunto, portadores de referência à identidade, à ação, à memória dos diferentes grupos formadores da sociedade brasileira, nos quais se incluem:

I. as formas de expressão;

II. os modos de criar, fazer e viver;

III. as criações científicas, artísticas e tecnológicas;

IV. as obras, objetos, documentos, edificações e demais espaços destinados às manifestações artístico-culturais;

v. os conjuntos urbanos e sítios de valor histórico, paisagístico, artístico, arqueológico, paleontológico, ecológico e científico.

§ 1º O Poder Público, com a colaboração da comunidade, promoverá e protegerá o patrimônio cultural brasileiro, por meio de inventários, registros, vigilância, tombamento e desapropriação, e de outras formas de acautelamento e preservação.

§ 2º Cabem à administração pública, na forma da lei, a gestão da documentação governamental e as providências para franquear sua consulta a quantos dele necessitem.

§ 3º A lei estabelecerá incentivos para a produção e o conhecimento de bens e valores culturais.

§ 4º Os danos e ameaças ao patrimônio cultural serão punidos, na forma da lei.

§ 5º Ficam tombados todos os documentos e os sítios detentores de reminiscências históricas dos antigos quilombos. (Brasil, 1988)

Interessante observar, por um lado, a ampliação do conceito de patrimônio, finalmente com a inserção da dimensão imaterial e, por outro, a exclusão do tombamento prévio, o que reforçou a ideia de que não basta os bens portarem "valor excepcional artístico" para serem considerados significativos à memória da sociedade brasileira. Essa legislação elaborada em um contexto mais democrático abriu caminho para uma releitura das propostas modernistas em todos os níveis, uma vez que as leis estaduais e municipais tiveram que se adequar à nova Carta Constitucional (1988), contemplando em seus respectivos textos as questões do patrimônio cultural. Mais interessante ainda, no entanto, é a presença cada vez mais forte da palavra *cultura* no lugar dos termos *histórico* e *artístico*, condizendo com novos objetos passíveis de patrimonialização, independentemente do ato do tombamento. A valorização dos modos de "criar, fazer e viver" redimensionou, desde então, o tratamento do poder público, em todas as suas esferas, e o da sociedade diante dos bens culturais, convivendo, ao mesmo tempo, com o processo globalizador do sistema capitalista e as singularidades locais em suas diversidades.

> Este movimento vem conferindo estatuto novo a manifestações culturais que antes eram consideradas restos ou vestígios de antigas formas de organização social já desaparecidas ou em vias de desaparecimento. De "coisas do folclore" ou "simples curiosidades do passado", tanto os "conhecimentos tradicionais" quanto as "manifestações culturais" das chamadas "populações tradicionais" adquiriram novo status, tornando-se objetos de política de preservação na condição de patrimônios locais, nacionais e até mesmo universais. Estes patrimônios de pequenas comunidades, etnias ou grupos locais passaram a dar o tom não apenas no campo do patrimônio, mas também no campo de acordos internacionais. Preservar o diverso, o diferente, o singular passou a ser um exercício de proteção à diversidade das culturas em um mundo com tendência crescente à homogeneização. (Abreu; Nunes, 2012)

A crítica de que a política pública de proteção ao patrimônio brasileiro se voltara para bens patrimoniais elitistas ou que representavam um aspecto oficial da memória nacional do passado colonial – igrejas, edifícios militares, por exemplo – poderia arrefecer nesse aspecto, pois a legislação vigente considera *patrimônio* tudo o que porta referência aos diferentes grupos sociais formadores da nacionalidade. Todavia, outra disputa nessa área se desenha: a da cultura local perante a nacional, e ambas diante de um contexto global que a tudo tende a assemelhar e tornar artificial. A imaterialidade dos modos de "criar, fazer e viver" das comunidades ditas tradicionais é que poderia dar ritmo a essas novas disputas de patrimonialização no Brasil, com base na reflexão do que é inserção social nas ações preservacionistas, visto que a democratização apresenta novos direitos universais, como os direitos culturais.

◇◇ 1.3. O patrimônio cultural imaterial e seu registro: as sociedades tradicionais

A chave para entendermos a nova tendência da política de preservação de bens culturais que se instalou a partir da Constituição Cidadã de 1988 é a ideia de *sociedades tradicionais*. Com essa reflexão, inicia-se nossa abordagem sobre a fase moderna da política nacional de preservação do patrimônio, em oposição ao período heroico, do qual tratamos na seção anterior. Essa fase moderna, na verdade, começou antes da promulgação da Carta de 1988. Nos anos 1970, despontaram com mais veemência opiniões desfavoráveis às ações preservacionistas do IPHAN, as quais até aquele momento privilegiavam os imóveis representativos da "memória do colonizador", principalmente a concentrada na região de Minas Gerais, tanto que, hoje, a superintendência do instituto naquele estado é a que administra o maior conjunto de bens tombados.

A socióloga Maria Cecília Londres Fonseca (1997) lembra, em seu livro *O patrimônio em processo*, que tal mudança de fase, de heroica para moderna, teve como marco importante a criação do Centro Nacional de Referência Cultural (CNRC), em 1975, com sede em Brasília. Tendo à frente o *designer* pernambucano Aloísio Magalhães (1927-1952), o CNRC foi qualificado na imprensa brasileira como o órgão federal de defesa da cultura nacional. Com o objetivo principal de criar produtos genuinamente nacionais advindos da produção cultural brasileira, o CNRC buscou a dinamização das economias regionais assentadas sobre saberes e fazeres tradicionais. E, aqui, leiamos o conceito de **tradicional** como um conjunto de práticas dominadas por grupos sociais excluídos, que vivem à margem da sociedade, tanto social, cultural e economicamente quanto territorialmente. Esses saberes e fazeres escondiam-se da grande cadeia da economia nacional de exportação e, por outro lado, representavam um patrimônio cultural vivo, com grande potencial econômico. Sem querer adiantar temas que serão ainda abordados ao longo desta obra, é importante atentarmos para o significado das últimas duas letras da sigla do CNRC: R – referência; C – cultura. A expressão *referências culturais*, como explicaremos ainda nesta seção, está ligada à metodologia de trabalho que se instituiu recentemente no Brasil para o inventário e o registro dos bens culturais de natureza imaterial. Eis o conceito dessa expressão, que nos acompanhará daqui adiante:

> *Referências* são edificações e são paisagens naturais. São também as artes, os ofícios, as formas de expressão e os modos de fazer. São as festas e os lugares a que a memória e a vida social atribuem sentido diferenciado: são as consideradas mais belas, são as mais lembradas, as mais queridas. São fatos, atividades e objetos que mobilizam a gente mais próxima e que reaproximam os que estão longe, para que se reviva o sentimento de participar e de pertencer a um grupo, de possuir um lugar. Em suma, *referências* são objetos, práticas e lugares apropriados pela cultura na construção de sentidos de identidade, são o que popularmente se chama de *raiz* de uma cultura. (IPHAN, 2000, p. 29, grifo do original)

Apesar das diferenças em diversos âmbitos e de muitos estudiosos desconsiderarem do escopo do CNRC a política preservacionista (Anastassakis, 2007, p. 140), existe uma ponte pela qual se pode transitar entre esse Centro, criado em 1975, e o IPHAN, atuante desde 1937, no que toca à questão da proteção do patrimônio cultural. Além da figura de Aloísio Magalhães, que participou de ambas as instituições, a atenção voltava-se cada vez mais para o patrimônio cultural compreendido de forma ampla, envolvendo a identificação dos modos de vida tradicionais. E, se essa preocupação foi atribuição principal do CNRC desde sua criação, os poucos resultados obtidos com a pesquisa realizada por esse órgão sobre as referências culturais brasileiras em sua produção, circulação e consumo destacaram algumas tradições sem, todavia, inserir os artistas populares como agentes efetivos de um projeto maior. No entanto, essa tendência de ampliação do conceito de patrimônio e da política preservacionista se manteria em movimento crescente mesmo com a extinção do CNRC e a criação, em seu lugar, da Fundação Nacional Pró-Memória, em 1979, que se juntou ao IPHAN. Com essa junção, as atividades relativas à proteção do patrimônio nacional se concentraram na entidade surgida na década de 1930, inclusive as que haviam sido conduzidas especificamente pelo Centro.

O Instituto, a essa época já um "quarentão", apresentou um importante documento sobre a preservação do patrimônio cultural brasileiro nesse novo momento. Intitulada *Proteção e revitalização do patrimônio cultural no Brasil: uma trajetória*, editada no ano de 1980, essa publicação tornou mais explícitos os conflitos e as tensões inerentes à política patrimonial, uma vez que seu conteúdo teimava em promover uma continuidade dessa política, desde o pioneirismo da fase heroica de Mário de Andrade. Sabemos, porém, que, até aquele momento, e desde os primeiros anos do SPHAN, foram criadas e outras entidades que trataram, digamos, da parte intangível do patrimônio cultural, como o próprio CNRC, entendendo essa dimensão como uma categoria distinta dos bens edificados, mas tão importante quanto esta. O fato de ainda nos anos 1980 não existirem o inventário e o registro dos bens imateriais, ao passo que o tombamento dos bens imóveis continuava seu caminho de preservação e restauração, também distanciava as atividades, formando duas frentes:

1. executiva, voltada para as questões da cultura popular;
2. patrimonial, de preservação e restauração de bens arquitetônicos. Parte das atividades denominadas aqui de *executivas* foi levada para o IPHAN por Aloísio Magalhães e incorporada na Fundação Nacional Pró-Memória (o braço executivo do Instituto) somente no fim da década de 1970, fortalecendo um caminho tardio, porém,

sem retorno, no qual progressivamente se tornava possível a aproximação daquilo que institucionalmente ainda estava separado: o material e o imaterial; o tangível e o intangível.

Chegou o momento de atualizarmos a pergunta que norteia este capítulo: O que queriam do legado de Mário de Andrade os responsáveis por essas novas instituições de preservação patrimonial brasileira nas décadas de 1970 e 1980? Para tanto, retomaremos a reflexão sobre o conceito de tradicional. Isso porque a noção de cultura defendida por Mário de Andrade para o âmbito do patrimônio na década de 1930 permeia essa reflexão que hoje está centrada nesse conceito e na relação entre **tradicional** e **modernidade**:

> a experiência e o aprendizado das viagens realizadas por Mário de Andrade mostram que, em sua tentativa de construção da nação, o passado seria uma matéria-prima a ser resgatada como referencial. Não um passado que não existe mais, mas justamente a existência, nesse imenso Brasil, de diferentes temporalidades, encontradas por ele em suas missões ao interior do Brasil, distante de São Paulo ou das grandes cidades; distante das elites e da sua erudição europeia e bastante próximo do popular, encontrado no próprio tecido social, a ser apreendido por meio do que vem do olhar, do escutar, do saborear, do conversar. (Chuva, 2012, p. 152-153)

A partir das décadas de 1960 e 1970, houve uma importante produção intelectual de historiadores europeus a respeito do conceito de **sociedades tradicionais,** como a de Eric Hobsbawm, por exemplo (Hobsbawm; Ranger, 2012). É dele a expressão *tradições inventadas*, empregada para conceituar o conjunto de práticas e regras aceitas socialmente e que legitimam valores por meio da repetição (ou da ritualização), consolidando um passado comum. Uma das características principais da cultura popular tradicional é o seu aspecto artesanal, pré-industrial, o que a faz ser movida por saberes orais e fortalecida por laços afetivos de aprendizado não massivo. Disso decorre a invisibilidade dessas práticas populares diante de uma cultura hegemônica, pois quase nunca são representadas no formato de monumentos edificados, seus artistas raramente participam do grande mercado de arte e há muita dificuldade de acesso à educação escolar e à cultura fora da territorialidade desses grupos marginalizados, como observa Canclini (2013).

No entanto, é necessário manter-se criterioso, pois, apesar de se criticar a hegemonia da cultura dos vencedores (classes sociais dominantes), exposta em lugares da memória – como museus de história conservadores que mostram um passado congelado, sem vida, que a reforçam e a legitimam –, não se deve cristalizar (manter em um mesmo estado) a cultura popular como se fosse um conjunto de tesouros preservados da ação do tempo e estacionados em uma era de ouro mítica, à espera de algum desbravador que a mostre ao mundo.

> A cultura é um processo, ao qual Canclini (2013) chama *hibridação*, isto é, composto por ligações interculturais em que se combinam e intercambiam elementos diversos, formando novas práticas e novos objetos. São misturas, em que cada parte ganha e perde algo ao revolverem-se mutuamente nesse processo de troca. Tal perspectiva não nega, de maneira alguma, a existência de relações de poder e até mesmo de opressão, mas esclarece que não existem formas puras de cultura; são sempre misturas.

O desenvolvimento da modernidade, envolvendo a modernização tecnológica, não extingue as culturas populares tradicionais. Entre outras lições como essa, Canclini (2013) afirma que, no processo de globalização, as tradições populares desenvolvem-se, transformando-se. Mesmo em ambientes cada vez mais urbanizados, as misturas acontecem graças a migrações, turismo e demais movimentos sociais que articulam o campo e a cidade, o tradicional e o tecnológico. Retomaremos esse assunto no Capítulo 2, quando abordarmos o tema *economia da cultura*. Por ora e com o objetivo de fixar a noção de hibridação cultural, observemos as fotografias a seguir.

Figura 1.2 – Indígenas utilizando *notebook*

Figura 1.3 – Entrada do Estádio do Pacaembu, que abriga o Museu do Futebol, em São Paulo[1]

Nota: [1] Uma das mais importantes manifestações da cultura popular brasileira ganha seu "lugar da memória" em um espaço museográfico tradicional.

Voltando à trajetória institucional da política patrimonial, para muitos analistas, os resultados obtidos pelas ações no CNRC, em seus quatro anos de atividade, entre 1975 e 1979, atuaram mais para a cristalização da cultura popular; desconsiderou-se a participação política dos detentores dos saberes e sem o entendimento de que as culturas populares não são uma categoria que se possa separar nitidamente da cultura hegemônica, tratando-as como dois nichos separados. A preservação do patrimônio cultural na condição de tarefa compartilhada por todos os segmentos sociais e pelo poder público, em todas as suas esferas, tornou-se explícito na Constituição de 1988. No intento de responder ao questionamento sobre o lugar ocupado pelo legado de Mário de Andrade na etapa moderna da política pública preservacionista, podemos afirmar que essa herança seria o reconhecimento, de todos os brasileiros, da **diversidade cultural** como aspecto fundador da identidade nacional. Outra contribuição seria a não separação em prateleiras distintas do patrimônio tradicional instituído pelos instrumentos e conceitos de 1937, com a criação do IPHAN, e das manifestações da cultura popular. De tal modo, alguns instrumentos estão hoje disponíveis para que a sociedade preserve a diversidade da cultura nacional.

◇◇◇ 1.3.1 Inventário e registro dos bens imateriais

A consolidação de uma política pública nacional assentada na diversidade cultural como o diferencial da identidade brasileira aconteceu quando o IPHAN, em 2003, assumiu todas as funções relativas ao patrimônio imaterial e manteve o antigo trato com as questões referentes ao tombamento dos bens edificados. Antes de comentarmos esse acontecimento, porém, devemos desacelerar o passo novamente e analisar a década de 1990. O cenário para o qual voltamos nosso olhar é o da pós-promulgação da CF/1988. A Assembleia Nacional

Constituinte havia se instalado no dia 1º de fevereiro do ano anterior, com a missão de elaborar a nova Carta, que marcasse um ponto final nos tempos ditatoriais, por meio do estabelecimento de bases democráticas para o país encarnadas nas instituições e no exercício dos direitos e das liberdades. Após o dia 5 de outubro de 1988, o Brasil se tornou um país democrático, porém ainda repleto de estruturas arcaicas, como a agrária, e, sobretudo, marcado por desigualdades sociais (Schwarcz; Starling, 2015).

O olhar constituinte para as chamadas **minorias** possibilitou um espaço político que vem sendo conquistado pelos movimentos sociais, desde então, em um processo conflituoso, mas com grandes conquistas já consolidadas. As eleições diretas são um exemplo do avanço da democracia brasileira. Podemos considerar o tema *cultura popular* como um dos aspectos que integram os parâmetros legais constitucionais vigentes. Explicamos anteriormente que, na década de 1970, houve iniciativas que apontavam a valorização das culturas tradicionais no Brasil. No entanto, não somente no país essa trilha estava sendo aberta. Nações então classificadas como *do terceiro mundo* começaram a reivindicar a organismos internacionais essa valorização, visando à proteção e à salvaguarda das manifestações culturais populares. Um ano após a promulgação da Constituição Cidadã, a Conferência Geral da Organização das Nações Unidas para a Educação, a Ciência e a Cultura (Unesco)[7] aprovou o documento *Recomendação sobre a Salvaguarda da Cultura Tradicional e Popular*, pelo qual aconselha aos Estados-membros a identificação, a salvaguarda, a conservação, a difusão e a proteção dessas manifestações, "por meio de registros,

---

[7] A Unesco foi criada em 1945, mas seu funcionamento começou em novembro do ano seguinte. A sede fica em Paris, na França, e seu objetivo principal, como agência especializada da ONU, é contribuir para a realização da paz mundial mediante a promoção da educação, da ciência e da cultura. Nesta última área, a Unesco desenvolve atividades para a salvaguarda do patrimônio cultural. No Brasil, a organização atua fortemente na proteção do patrimônio imaterial nacional.

inventários, suporte econômico, introdução de seu conhecimento no sistema educativo, documentação e proteção à propriedade intelectual dos grupos detentores de conhecimentos tradicionais" (Sant'Anna, 2009, p. 53). Observamos também que, à época, a sociedade brasileira já contava com o Ministério da Cultura (MinC) – criado em 1985 após o desmembramento do Ministério da Educação e Cultura – e era chegada a hora e a ocasião de elaborar instrumentos jurídicos que assegurassem a amplitude que o patrimônio cultural vinha conquistando em âmbito internacional. O texto constitucional de 1988 potencializou essa necessidade e urgência.

No final dos anos 1990, o MinC criou o Grupo de Trabalho do Patrimônio Imaterial para estabelecer critérios, normas e formas de preservação do patrimônio intangível. A importância da questão era bastante evidente naquele momento, mas os procedimentos para assegurar o resguardo desses bens imateriais se mostravam complexos no que tangia à aplicação prática de uma definição de patrimônio que não viesse a mantê-lo dividido em categorias estanques: de um lado, os bens edificados e, de outro, os intangíveis, reforçando uma separação entre cultura hegemônica e cultura popular.

Essa diferença, entretanto, consta na inscrição desses diferentes bens no rol do patrimônio. Pelo Registro de Bens Culturais de Natureza Imaterial (Brasil, 2000a), instituído pelo Decreto n. 3.551, de 4 de agosto de 2000, e que criou o Programa Nacional de Patrimônio Imaterial, são inscritos os bens de natureza intangível. O tombamento permaneceu uma ação aplicada aos bens móveis e imóveis. Apesar disso, não deixamos de reconhecer o grande avanço, desde o texto constitucional de 1988, em direção ao alargamento da noção de patrimônio cultural brasileiro, inserindo na disputa pela memória diversos e diferentes atores sociais.

O registro corresponde à identificação e à produção de conhecimento sobre o bem cultural de natureza imaterial e equivale a documentar, pelos meios técnicos mais adequados, o passado e o presente dessas manifestações, em suas diferentes versões, tornando tais informações amplamente acessíveis ao público. O objetivo é manter o registro da memória desses bens culturais e de sua trajetória no tempo, porque só assim se pode "preservá-los". Como processos culturais dinâmicos, as referidas manifestações implicam uma concepção de preservação diversa daquela da prática ocidental [...]. Os bens culturais de natureza imaterial são dotados de uma dinâmica de desenvolvimento e transformação que não cabe nesses conceitos, sendo mais importante, nesses casos, registro e documentação do que intervenção, restauração e conservação. (Sant'Anna, 2009, p. 55)

Os bens culturais imateriais são inscritos em livros de registros, conforme a categoria de cada manifestação: 1) celebrações; 2) saberes; 3) formas de expressão; e 4) lugares. Os registros anotados nos respectivos livros visam documentar o bem imaterial e são revistos de década em década, uma vez que tais bens intangíveis são dinâmicos e processuais.

O IPHAN estabelece os seguintes livros:

- Livro das Celebrações:

    para os rituais e festas que marcam vivência coletiva, religiosidade, entretenimento e outras práticas da vida social. *Celebrações* são ritos e festividades que marcam a vivência coletiva de um grupo social, sendo considerados importantes para a sua cultura, memória e identidade, e acontecem em lugares ou territórios específicos e podem estar relacionadas à religião, à civilidade, aos ciclos do calendário, etc. São ocasiões diferenciadas de sociabilidade, que envolvem práticas complexas e regras próprias para a distribuição de papéis, preparação e consumo de comidas e bebidas, produção de vestuário e indumentárias, entre outras. (IPHAN, 2016e, grifo do original)

- Livro dos Saberes:

    [para] bens imateriais que reúnem conhecimentos e modos de fazer enraizados no cotidiano das comunidades. Os *Saberes* são conhecimentos tradicionais associados a atividades desenvolvidas por atores sociais reconhecidos como grandes conhecedores de técnicas, ofícios e matérias-primas que identifiquem um grupo social ou uma localidade. Geralmente estão associados à produção de objetos e/ou prestação de serviços que podem ter sentidos práticos ou rituais. Trata-se da apreensão dos saberes e dos modos de fazer relacionados à cultura, [à] memória e [à] identidade de grupos sociais. (IPHAN, 2016e, grifo do original)

- Livro das Formas de Expressão:

    para as manifestações artísticas em geral. *Formas de Expressão* são formas de comunicação associadas a determinado grupo social ou região, desenvolvidas por atores sociais reconhecidos pela comunidade e em relação às quais o costume define normas, expectativas e padrões de qualidade. Trata-se da apreensão das performances culturais de grupos sociais, como manifestações literárias, musicais, plásticas, cênicas e lúdicas, que são por eles consideradas importantes para a sua cultura, memória e identidade. (IPHAN, 2016e, grifo do original)

- Livro dos Lugares:

    para mercados, feiras, santuários, praças onde são concentradas ou reproduzidas práticas culturais coletivas. *Lugares* são aqueles que possuem sentido cultural diferenciado para a população local, onde são realizadas práticas e atividades de naturezas variadas, tanto cotidianas quanto excepcionais, tanto vernáculas quanto oficiais. Podem ser conceituados como lugares focais da vida social de uma localidade, cujos atributos são reconhecidos e tematizados em representações simbólicas e narrativas, participando da construção dos sentidos de pertencimento, memória e identidade dos grupos sociais. (IPHAN, 2016e, grifo do original)

A noção de **paisagem cultural** age de modo instrumental, isto é, possibilita pensar sobre todas as facetas da cultura em espaços específicos numa escala variada, de comunidades a grandes cidades. Sobre as comunidades apresentaremos mais detalhes no próximo capítulo, ao tratarmos do tema da economia da cultura. Já sobre as cidades, é importante analisarmos desde já alguns pontos, uma vez que, em decorrência do crescimento do meio urbano, muitas ações de salvaguarda dos bens culturais se articulam intimamente com o planejamento urbano.

◇◇ 1.4 Rumo ao século XXI: as cidades como lugares de memória

Pauliceia desvairada

O DOMADOR

Alturas da Avenida. Bonde 3.
Asfaltos. Vastos, altos repuxos de poeira
sob o arlequinal do céu ouro-rosa-verde...
As sujidades implexas do urbanismo.
Filets de manuelino. Calvícies de Pensilvânia.

Gritos de goticismo.
Na frente o *tram* da irrigação,
Onde um Sol bruxo se dispersa
Num triunfo persa de esmeraldas, topázios e rubis...
Lânguidos boticellis a ler Henry Bordeaux
Nas clausuras sem dragões dos torreões...

Mário, paga os duzentos réis.
São cinco no banco: um branco,
um noite, um ouro,
um cinzento de tísica e Mário...
Solicitudes! Solicitudes!

> Mas... olhai, oh meus olhos saudosos dos ontens
> Esse espetáculo encantado da Avenida!
> Revivei, oh gaúchos Paulistas ancestremente!
> E oh cavalos de cólera sanguínea!
> Laranja da China, laranja da China, laranja da China
> Abacate, cambucá e tangerina!
> *Guardate*! Aos aplausos do esfusiante *clown*,
> Heroico sucessor da raça heril dos bandeirantes,
> Passa galhardo um filho de imigrante,
> Louramente domando um automóvel!

Fonte: Andrade, 1987, p. 92.

Depois de termos analisado as ideias modernistas e seus desdobramentos para a política da preservação do patrimônio cultural, mencionamos um último aspecto antes de adentrarmos no tema *educação patrimonial*: a importância da paisagem cultural urbana na constituição da política patrimonial brasileira. Partindo do consenso de que tal política é responsabilidade dos poderes em todas as suas esferas (federal, estadual, municipal e do distrito federal), com a colaboração da sociedade, desde a Carta de 1988, o acesso aos bens culturais e a fruição que podem despertar são, portanto, um direito e um dever. Nessa trajetória, do modernismo aos dias atuais, as cidades têm grande destaque, sejam como inspiração para as poesias, como locais de passeio e conhecimento ou como o espaço do cotidiano. Nelas estão abrigados monumentos, hábitos, tradições, enfim, uma complexa paisagem cultural.

Desde o início da política patrimonial brasileira, as cidades e seus centros históricos sempre estiveram na mira das ações de preservação. Em 1933, antes mesmo da Constituição de 1934 e da criação do IPHAN, a mineira Ouro Preto, graças a um decreto federal, foi considerada monumento nacional pelo seu acervo arquitetônico.

A cidade, antiga capital de Minas Gerais, havia perdido seu potencial econômico com a queda da exploração do ouro; o fato de ter perdido o posto de centro político-administrativo para a capital moderna, Belo Horizonte, demonstra que, junto aos atos preservacionistas, sempre há uma espécie de esquecimento. No caso relatado, esse fato permitiu que a arquitetura colonial alcançasse destaque como potencial do desenvolvimento local, revitalizando-a na condição de "cidade histórica" (Freitag, 2003, p. 116). Outros tipos de esquecimento, principalmente dos centros históricos das cidades que se transformaram pela modernidade, como Recife, São Paulo, Rio de Janeiro e tantas outras capitais brasileiras, traduzem-se, muitas vezes, na demolição do acervo arquitetônico em prol da higienização das vias urbanas no ritmo da especulação imobiliária, deixando, segundo Mário de Andrade, "meus olhos saudosos dos ontens [...]" (Andrade, 1987, p. 92). Minas Gerais, no entanto, era um caso especial – como vimos, o próprio Mário de Andrade comentou a respeito em uma de suas cartas para o diretor do IPHAN, Rodrigo Melo Franco de Andrade – e sempre seria uma das unidades federativas da União a ser "invejada" pelas demais no que tange ao manancial preservacionista da sua arquitetura e arte representativas de uma identidade original que se buscava para o Brasil.

A CF/1988 imprimiu, entre as responsabilidades compartilhadas de proteção ao patrimônio cultural brasileiro, a guarda, a preservação, a recuperação e o tombamento dos bens existentes nas cidades de todo o país, para que os municípios e estados incluíssem essa preocupação em suas respectivas legislações urbanísticas. Para tanto, em 2001, foi instituído o Estatuto da Cidade (Lei do Meio Ambiente Artificial, Lei n. 10.257, de 10 de julho de 2001 – Brasil, 2001).

> O Estatuto da Cidade não deixa dúvida: proteger, preservar e recuperar o patrimônio cultural não é uma mera faculdade ou opção dos administradores das cidades e executores das políticas urbanas municipais, mas sim um dever indeclinável, uma inafastável imposição de ordem pública e interesse social em prol do bem coletivo. (Rodrigues; Miranda, 2012, p. 271)

Esses instrumentos jurídicos acumulados proporcionam intervenções no patrimônio cultural diariamente, transformando a paisagem urbana em uma dinâmica de mercado, muitas vezes. O que nos interessa mais de perto nesse assunto é a questão daí decorrente, ou seja, a função social da **propriedade urbana**. Já explicamos que o tombamento é uma forma jurídica de dar maior peso ao sentido coletivo de um bem imóvel ou móvel, em detrimento da sua natureza de propriedade particular. O Estatuto da Cidade ampliou esse sentido coletivo das propriedades urbanas em prol do qualitativo desenvolvimento das cidades e do bem-estar dos cidadãos, incrementando as formas de proteção dos bens culturais para além do tombamento e das desapropriações. Entre essas outras formas estão as seguintes:

- **Direito de preempção**: assegura ao Poder Público Municipal o direito preferencial de adquirir imóveis para ações urbanísticas que visam também à proteção de áreas de interesse histórico, cultural ou paisagístico (Lei n. 10.257/2001, art. 26);
- **Estudo de impacto de vizinhança**: é o estudo prévio para a concessão de licenças e autorizações para novas construções a fim de preservar a qualidade de vida. Uma das questões a ser avaliada é a paisagem urbana e o patrimônio natural e cultural afetados.
- **Transferência do direito de construir**: segundo o art. 35 da Lei n. 10.257/2001, o proprietário de imóvel urbano pode construir em local diferente daquele do edifício original quando sua propriedade for objeto de preservação histórica, ou seja, quando se tratar de um imóvel tombado ou acautelado por outros instrumentos de preservação. Em alguns municípios, como na cidade de Curitiba, no Paraná, esse mecanismo se denomina *transferência de potencial construtivo*, instituída na Lei Orgânica do Município e usada para a preservação do patrimônio cultural edificado.
- **Unidades de conservação**: o Sistema Nacional de Unidades de Conservação (Snuc) foi regulamentado no ano 2000 e visa proteger espaços territoriais que abrigam, em limites definidos,

ambientes culturais relevantes quanto a geologia, geomorfologia, espeleologia, arqueologia, paleontologia.

- **Incentivos fiscais e financeiros**: é o conjunto de benefícios fiscais como meio compensatório das restrições impostas pela política preservacionista. Exemplo: bens tombados.
- **Gestão participativa das cidades**: o Estatuto da Cidade, reforçando o espírito da Carta Magna de 1988, enfatizou a participação popular na Administração Pública. No quesito *proteção dos bens culturais locais*, é importante a existência de órgãos colegiados que atuem próximos aos conselhos municipais de defesa do patrimônio, para a constituição de audiências públicas, debates abertos, fiscalização de obras e tudo o que envolva a questão patrimonial.

Educação patrimonial é também o conhecimento de todos esses mecanismos jurídicos dos quais se pode lançar mão em defesa do patrimônio cultural, o que equivale a almejar e lograr qualidade de vida no presente em convivência com vestígios do passado. É um pacto social em defesa da vida.

◇◇◇ 1.4.1 Um pacto pela memória: o Programa de Cidades Históricas

No decorrer dos anos 1970, o Ministério do Planejamento e a Coordenação Geral do Brasil implantou o Programa de Cidades Históricas (PCH), com o objetivo de integrar a preservação do patrimônio cultural às macropolíticas de desenvolvimento econômico contemporâneas. Comentamos anteriormente que, nessa época, havia sido criado o CNRC, que enfatizou o trabalho sobre as culturas populares. E, depois de 1979, com a extinção da citada instituição, as duas facetas da política patrimonial – o tangível e o intangível, o excepcional e a tradicional – foram se aproximando, com inclinação fortalecida dessa tendência integradora a partir da CF/1988.

Não é nosso objetivo fazer análise mais profunda sobre tais questões, porém lembramos de forma sucinta que a política econômica do governo militar esteve assentada, principalmente, sobre os incentivos estatais ao setor agroexportador e situada em um contexto de pós-milagre, agravado pela crise mundial do petróleo, tendo aí a necessidade de aumentar a produção industrial e o consumo do mercado interno. Não é preciso recordar que, nesse período, acirraram-se as disputas entre o autoritarismo com repressão e as oposições à ditadura, em um país com alta concentração de renda, altos índices de analfabetismo e de exclusão social e política. Foi um período de pactos, sendo o mais significativo para a trajetória que aqui empreendemos o realizado entre o governo federal e os estaduais a fim de incluir as unidades federativas menos industrializadas no jogo político e econômico e, assim, promover o desenvolvimento regional e, por conseguinte, nacional. Para seu funcionamento, o governo elaborou projetos integradores no formato de polos – como o Polonordeste, em uma das regiões do país com menor crescimento –, movidos por fundos orçamentários especiais. Foi o Fundo de Desenvolvimento de Programas Integrados que viabilizou o PCH, por exemplo.

À medida que as cidades brasileiras inchavam, sobretudo desde a década de 1950, com o aumento contínuo da migração do campo para as regiões urbanas, a preservação patrimonial não poderia prescindir do diálogo com as ações urbanísticas e com a memória do contingente populacional oriundo das regiões mais pobres. Enfim, as cidades tornavam-se estruturas complexas em todos os sentidos. Diversas eram, então, as condições dos centros históricos das capitais brasileiras, e as mais antigas, como já referido, eram marcadas por tipos diferentes de esquecimento. Posturas internacionais a respeito da convivência entre os monumentos tombados e seus respectivos entornos foram fundamentais, conforme explicitaremos no Capítulo 3, para o planejamento das intervenções públicas nos cenários urbanos, considerando-se seus acervos patrimoniais e as novas dinâmicas sociais.

Qual foi, então, o diferencial do PCH, sob a perspectiva de uma política econômica levada adiante por um governo ditatorial, nesse contexto complexo entre urbanização, desenvolvimento econômico e proteção do patrimônio cultural? Na verdade, ao longo dos anos 1960, o IPHAN já estava inserido nessa discussão mais ampla, tanto por causa dos debates de abrangência internacional, quanto em decorrência da notada necessidade sentida de regrar e comprometer as demais esferas governamentais (estados e municípios) na política preservacionista. O Encontro de Governadores para a Preservação do Patrimônio Cultural, promovido pelo IPHAN em parceria com o Ministério da Educação e Cultura, e que aconteceu em duas edições, em 1970 (em Brasília) e 1971 (em Salvador), consolidou essa aliança entre os poderes em torno do binômio **turismo** e **patrimônio**. Essa aliança visava à dinamização econômica da memória nacional, para promovê-la, e, ao mesmo tempo, preservá-la com os recursos decorrentes das atividades turísticas. Outro aspecto que merece a atenção nesse cenário foi a criação do Conselho Federal de Cultura (CFC)[8].

> De qualquer modo, na década de 1960, se o conceito de patrimônio cultural não era um consenso, dada a existência dispersa de mais de uma instituição dedicada à questão patrimonial, além do IPHAN, foi o período em que se tornou clara a necessidade de pactos em prol da política preservacionista entre essas instituições e entre elas e as demais esferas de poder tudo em sintonia com as recomendações internacionais. Em 1966, quando surgiu o CFC, um dos seus principais objetivos foi, justamente, a descentralização, com a criação de órgãos específicos de cultura nos estados e municípios.

Recomendado pelo I Encontro de Governadores para a Preservação do Patrimônio Cultural (1970), o Departamento de Assuntos Culturais

---

8   O CFC foi o embrião do Ministério da Cultura; existiu entre 1966 e 1990, e tinha a atribuição de elaborar a política nacional de cultura. Todos seus membros eram nomeados pelo Presidente da República para um mandato de seis anos.

(DAC), instituído na estrutura do ainda Ministério da Educação e Cultura, passou a executar a política cultural nacional. O atual MinC originou-se do DAC, no ano de 1985, como já observado. A evidente perspectiva de um sistema integrado de cultura faria um caminho sem volta e foi primordial para fortalecer a cultura como um dos eixos do desenvolvimento nacional.

Nesse contexto de construção de um sistema nacional de cultura, que contava com autonomia do DAC e com a estratégia do CFC e, portanto, com a capacidade de aglutinar as demandas e articular o tema em meio às demais políticas de governo, houve o estreitamento definitivo entre um tema específico, o patrimônio cultural, com as preocupações voltadas aos centros urbanos. Entre os resultados desse encontro, dois pontos principais se destacaram:

1. a consolidação e o funcionamento de um sistema nacional de cultura com a instituição de conselhos de cultura locais e a elaboração de planos diretores municipais;

2. e o fomento ao ensino e à pesquisa referentes ao patrimônio brasileiro, envolvendo escolas, universidades e demais instituições culturais, como museus e arquivos. O patrimônio tornava-se um tema central desse sistema nacional de cultura, avizinhando-se com o ensino e a pesquisa.

Porque o PCH originou-se de entidades públicas diferentes das citadas, de imediato pode-se pensar que esse programa destoaria do cenário de construção de um sistema nacional de cultura levado adiante por órgãos vinculados diretamente ao tema de preservação do patrimônio. No entanto, o programa teve a participação central do Ministério da Educação e Cultura (MEC), por meio do DAC e do CFC; evidencia-se, portanto, a perspectiva de um sistema integrado. Vigente entre 1973 e 1987, o PCH foi um entre os diversos programas federais desenvolvimentistas, mas voltava atenção especial para as áreas urbanas do Nordeste. A fim de aumentar o potencial turístico da região, que envolvia o patrimônio arquitetônico dos centros históricos ali localizados, o trabalho articulou os Ministérios do Planejamento e o da Educação e Cultura em um grupo de trabalho, não se distanciando dos eixos então defendidos por este último órgão federal, especialmente por meio do DAC em sua relação com o IPHAN. Desse grupo de trabalho surgiu o Programa Integrado de Reconstrução das Cidades Históricas do Nordeste, cujas obras priorizaram a recuperação de monumentos de valor excepcional (estilo Barroco[9]) do período do Brasil Colônia. Isso reiterava a fragilidade histórica da política pública brasileira preservacionista para implementar ações integradoras que articulassem bens culturais de naturezas diversas além dos de caráter dito excepcional. Ainda havia resquícios do privilégio de intervir nos centros históricos das principais cidades, levando ao esquecimento os municípios ou capitais de menor porte e com maiores privações para alcançar o desenvolvimento econômico e turístico, bem como os bens de natureza imaterial. Em outros termos, o valor excepcional e monumental dos bens continuava a guiar as práticas políticas preservacionistas brasileiras.

Todavia, se por um lado ocorria a construção de um sistema nacional de cultura contaminado pelo privilégio dos bens edificados, por outro

---

9   Barroco é "estilo artístico situado entre o classicismo renascentista e o neoclassicismo setecentista, entre o final do século XVI e o início do XVIII. [...]. Transposta para a América, a estética barroca aclimatou-se [...] no Brasil. Inicialmente, no nordeste açucareiro – Bahia e Pernambuco –, embora a precariedade das condições, ao longo dos dois primeiros séculos, não tenha estimulado o surgimento de obras significativas, reservando-se a decoração suntuosa para o interior dos templos. [...] A partir da corrida do ouro, nos inícios do século XVIII, a mesma característica acompanharia a implantação das igrejas e capelas nos arraiais mineiros. [...] Em 1727, o mestre de obras Manuel Francisco Lisboa produzia o risco da matriz de Antônio Dias, de Ouro Preto, dando início à febre de construção de edifícios religiosos mais elaborados [...]. Favorecido pelo grande número de pequenos núcleos urbanos típicos da ocupação de Minas, esse movimento [criou] um ambiente cultural único, o chamado barroco mineiro, ao qual não [faltou] pelo menos um artista de gênio, o mulato Antônio Francisco de Lisboa, o Aleijadinho (1738-1814)". (Vainfas, 2000, p. 69-70)

eram dados alguns passos, mesmo que discretos, em direção à inclusão do âmbito imaterial no tema específico do patrimônio nacional, principalmente no interior do IPHAN. Isso ocorreu quando o *designer* Aloísio Magalhães assumiu a presidência desse órgão, buscando unir as partes administrativas e executivas com a criação da Fundação Nacional Pró-Memória. Foi nesse momento de preponderância dos órgãos responsáveis diretamente pela política preservacionista que se destacaram as preocupações com a participação social nessas ações de proteção dos bens culturais, para que estes adquirissem sentido identitário. O PCH, nessa conjuntura, transformou-se em política pública preservacionista estruturante levada adiante pelos órgãos da cultura, inclusive em suas versões locais (estaduais e municipais). Extinto em 1987, os objetivos específicos do PCH imiscuíram-se nas atribuições do então recente MinC, tendo como foco conceitual o patrimônio como **conjunto**, mediante a integração dos bens culturais na dinâmica das cidades, e ampliando a natureza dos acautelamentos e do tombamento com a inserção de bens que não se restringem a uma tradição hegemônica (como a luso-brasileira barroca e a católica). Naquele momento, a fronteira da proteção dos bens edificados foi ampliada, sendo as cidades as dinamizadoras dessa paisagem dos bens culturais.

> Na busca de uma abordagem integrada dos bens culturais como signos da memória e identidade brasileira, a cidade passa a ser observada como um cenário catalisador de diferenciados referenciais. Assim, tanto as manifestações populares e eruditas quanto as igrejas, os monumentos ou qualquer produção arquitetônica, as praças e os jardins, o traçado das ruas e caminhos, os arquivos e museus, as obras de arte, as peculiaridades do comportamento social, a paisagem e os vestígios arqueológicos passam a ser valorizados e reconhecidos como merecedores da proteção e da sua reinserção no seu contexto contemporâneo. (Pelegrini, 2006, p. 71)

O desafio, desde então, tem sido a implantação dessa visão ampla de patrimônio que se traduza em diversidade cultural em um país dotado de políticas públicas de inclusão social. Isso porque não há como atingir esse alvo com ações isoladas na área específica da cultura, mas sim com um projeto de nação que seja para todos os seus grupos sociais.

Para finalizar, a análise dos esquemas apresentados nas figuras a seguir pode facilitar a percepção acerca das mudanças cronológicas das visões preservacionistas do patrimônio nacional, desde o anteprojeto de Mário de Andrade (1936) até os dias atuais, conforme descrevemos neste primeiro capítulo.

Figura 1.4 - Esquema para o anteprojeto de Mário de Andrade

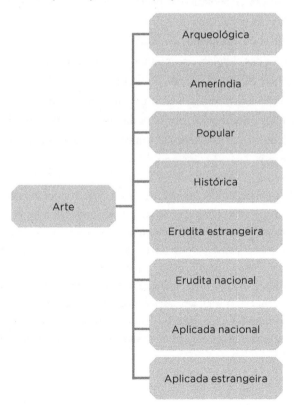

Figura 1.5 – Esquema para o Decreto-Lei n. 25/1937

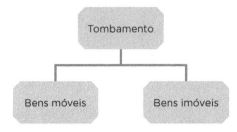

Figura 1.6 – Esquema para o conceito de patrimônio na CF/1988

Figura 1.7 - Esquema para o registro de bens culturais de natureza imaterial (2000)

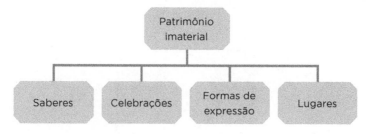

Nessa trajetória ilustrada de modo sintético, o sentido realçado parece ser o de que finalmente alcançamos um conceito amplo de patrimônio cultural, como defendia Mário de Andrade na década de 1930: a arte a englobar todas as habilidades humanas. No entanto, na prática, ainda hoje essas são temáticas tratadas de modos diversos, com recursos financeiros desiguais e, principalmente, sujeitos que partem de noções e objetivos diversos sobre aquilo que se deve ou não preservar. As questões relativas às escolhas de salvaguarda dos bens materiais (quem decide o que se preserva e o sentido que isso tem perante a comunidade ampla) são realocadas, também, para o campo das políticas públicas no tocante ao patrimônio imaterial, as quais ampliam mais ainda as problemáticas inerentes ao tombamento dos bens materiais. Assim, vários estudiosos apontam a necessidade de diálogos internos a cada uma dessas ações e, também, entre elas, por meio de fóruns de discussão e outras formas que permitam o intercâmbio de ideias, agentes, recursos e, acima de tudo, sentidos para os grupos sociais envolvidos.

Síntese

No processo histórico aqui abordado, explicitamos que houve nitidamente uma ampliação do conceito de patrimônio cultural. Assim, os acervos arquitetônicos deixaram de ser considerados os únicos monumentos de uma sociedade; também a cultura imaterial passou a figurar na categoria de bem cultural, concretizando o sonho modernista de se reconhecer os elementos abstratos e íntimos da cultura popular como integrantes da identidade nacional. Ao final dessa caminhada pelos primórdios da política pública de patrimônio cultural, concluímos, principalmente, que mesmo as ações voltadas para o tombamento de monumentos artísticos e arquitetônicos são permeadas pelos modos de vida, sendo que o pensamento modernista continua atual quanto ao desafio de articular os âmbitos tangíveis e intangíveis.

Finalizamos, então, este capítulo com a reflexão da historiadora Márcia Chuva, que sintetiza esse desafio colocado à geração atual.

> Por haver uma concorrência para a atribuição de valores por grupos que se diferenciam por interesses diversos, as políticas públicas de patrimônio precisam, portanto, explicitar quem são os sujeitos que estão sendo privilegiados, para que não se tornem políticas "lobistas". A título de exemplo, podemos pensar nos processos [...] que ocorrem com frequência, em sítios urbanos tombados como patrimônio cultural. A percepção da cidade apenas como patrimônio cultural material induz a um entendimento limitado dos moradores e usuários cujos modos de vida estão vinculados àquele espaço. Se esta população for expulsa do sítio tombado, cabe perguntar o que exatamente se pretendia preservar naquele amontoado de pedra e cal. (Chuva, 2012, p. 163)

Atividades de autoavaliação

1. Sobre as razões de o ano de 1937 ser considerado o marco cronológico inicial da política de preservação do patrimônio cultural brasileiro, assinale V nas proposições verdadeiras e F nas falsas:

    ( ) Foi uma consequência imediata da implantação do Estado Novo, sob o comando de Getúlio Vargas.
    ( ) Nesse ano surgiu a primeira legislação nacional de proteção do patrimônio cultural brasileiro.
    ( ) Foi o momento em que se instaurou o instrumento do tombamento, que passou a ser utilizado como a principal forma de acautelamento dos bens culturais a serem preservados e protegidos como representantes da identidade nacional brasileira.
    ( ) Foi quando iniciou a vigência da legislação preservacionista do patrimônio cultural que rege a área.

2. Sobre a relação entre a Carta de Atenas de 1931 e as diretrizes do IPHAN, criado em 1937, analise as sentenças a seguir e assinale a **incorreta**:

    a) Na década de 1930 surgiram as primeiras normativas que visaram regular as ações da preservação dos bens culturais no mundo ocidental, atingindo, também, a política brasileira na área.
    b) A Carta de Atenas foi organizada pela Liga das Nações com a finalidade de recuperar bens monumentais danificados pela Primeira Guerra Mundial, definindo os critérios de restauração. O privilégio à proteção dos bens edificados considerados como obras de arte contaminou a legislação da maioria dos países ocidentais, inclusive a do Brasil.

c) A Carta de Atenas recomendou que os países criassem seus respectivos órgãos de proteção patrimonial, o que de fato ocorreu no Brasil, em 1937.

d) As primeiras intervenções nos bens considerados patrimônio brasileiro ocorreram após a elaboração da Carta de Atenas.

e) A Carta de Atenas, assim como as primeiras ações do IPHAN, não reconheceram a função social da propriedade privada.

3. Em certo momento, as ações do extinto CNRC integraram-se ao IPHAN. Com relação às razões desse movimento de aproximação entre duas entidades surgidas em momentos históricos diferentes, assinale V nas proposições verdadeiras e F nas falsas:

( ) O que explica a aproximação entre essas duas entidades é a figura do *designer* Aloísio Magalhães.

( ) A Fundação Nacional Pró-Memória foi o canal de aproximação das práticas entre essas duas entidades, o que permitiu a ampliação do conceito de patrimônio cultural para além do tombamento dos bens edificados.

( ) Com a extinção do CNRC, em 1979, eliminou-se qualquer chance de as questões referentes aos bens imateriais serem apropriadas pelas políticas públicas brasileiras de proteção e preservação do patrimônio cultural.

( ) Após sua extinção, o legado do CNRC tornou-se importante para que as práticas preservacionistas se voltassem para a necessidade de abarcar as manifestações das culturas populares.

4. Sobre o conceito de hibridação cultural, proposto por Néstor Canclini, analise as afirmações a seguir no que se refere à importância das culturas populares:

1) Já na noção de cultura defendida por Mário de Andrade há a ideia de que o patrimônio cultural é formado pela cultura de elite e pela cultura popular.

II) No conceito de hibridação não há como pensar uma cultura como algo puro, pois em tudo há misturas.

III) Somente nas manifestações das culturas tradicionais é possível haver hibridações.

IV) A noção de hibridação cultural aproxima-se da noção de diversidade sobre a qual devemos assentar nossa postura ante a formação do patrimônio cultural brasileiro.

V) No processo de hibridação cultural não se localiza o que mais se identifica com as culturas populares.

Está(ão) correta(s):

a) Somente a afirmativa I.
b) Somente a afirmativa IV.
c) As afirmativas I e II.
d) As afirmativas I, II e IV.
e) Todas as afirmativas.

5. As cidades são territórios fundamentais para a constituição dos direitos culturais. Assinale a alternativa correta sobre essa temática:

a) Por abrigarem uma diversa e complexa paisagem cultural, as cidades brasileiras são objetos da política preservacionista desde as primeiras ações nesse sentido, a partir de 1970.

b) Todas as cidades brasileiras têm seus respectivos centros históricos preservados, protegidos e restaurados.

c) O Programa das Cidades Históricas foi um dos primeiros no Brasil a reunir várias entidades com a finalidade de pensar ações de preservação dos setores históricos das cidades como um esforço conjunto de todas as esferas do Poder Público.

d) O Estatuto das Cidades reduziu as formas de proteção dos bens culturais existentes nos municípios brasileiros.

e) Ouro Preto foi a primeira cidade histórica a ser reconhecida, no Brasil, como um patrimônio cultural, no ano de 1933, antes mesmo da criação do IPHAN.

Atividades de aprendizagem

Questões para reflexão

1. Em carta dirigida a Paulo Duarte, advogado, jornalista e professor de História da Universidade de São Paulo (USP), datada de 1937, Mário de Andrade revela ao interlocutor o seu entendimento acerca do papel dos governos na área da cultura:

    > Há que forçar um maior entendimento mútuo, um maior nivelamento geral da cultura que, sem destruir a elite, a torne mais acessível a todos, e em consequência lhe dê uma validade verdadeiramente funcional. Está claro, pois, que o nivelamento não poderá consistir em cortar o tope ensolarado das elites, mas em provocar com atividade o erguimento das partes que estão na sombra, pondo-as em condições de receber mais luz. Tarefa que compete aos governos. (Fundação Pró-Memória, 1981, p. 22, citado por Carreira, 2012, p. 5)

    Reflita sobre a concepção de cultura pregada pelo poeta modernista.

2. Em 2002, no Livro dos Saberes, foi registrado como patrimônio brasileiro intangível o ofício das paneleiras de Goiabeiras:

    > O processo de produção no bairro de Goiabeiras Velha, em Vitória, no Espírito Santo, emprega técnicas tradicionais e matérias-primas provenientes do meio natural. A atividade, eminentemente feminina, é tradicionalmente repassada pelas artesãs paneleiras, às suas filhas, netas, sobrinhas e vizinhas, no convívio doméstico e comunitário. (IPHAN, 2016f)

    Pesquise mais dados e informações sobre esse saber ancestral. Reflita sobre o significado dessa atividade para a inclusão de grupos sociais titulares de direitos no processo de patrimonialização. Para sistematizar essa reflexão, componha um texto, com no mínimo de 10 linhas, lembrando-se de inserir as fontes das informações.

Atividade aplicada: prática

1. Como comentado neste capítulo, desde a Constituição de 1988, tendo sido reforçada no Estatuto da Cidade a necessidade de descentralização da política de preservação do patrimônio histórico mediante a corresponsabilidade dos agentes públicos em todas as esferas (federal, estadual e municipal). Você sabe como sua cidade trata desse assunto? Consulte na internet, nos órgãos municipais ou fale com algum servidor público. Relate o resultado, no formato de reportagem investigativa, considerando os seguintes pontos:

- a legislação existente (ano, princípios etc.);
- as entidades públicas responsáveis (diretas e indiretas na política de preservação do patrimônio);
- os programas para a proteção patrimonial (públicos e de entidades de outra natureza, como organizações sociais etc.);
- os movimentos sociais existentes para a reivindicação de ações na área;
- as referências das fontes pesquisadas, como *sites* da internet, nomes das pessoas com as quais conversou, dados das notícias pesquisadas em periódicos.

Você pode adicionar imagens, desde que com legendas e citação de autoria, quando for o caso.

Indicação cultural

MACUNAÍMA. Direção: Joaquim Pedro de Andrade. Brasil: New Line Cinema, 1969. 108 min.

- Em 1969, em plena ditadura civil-militar, o cineasta Joaquim Pedro de Andrade lançou o filme *Macunaíma*. Essa comédia é a expressão cinematográfica da obra de Mário de Andrade *Macunaíma, o herói sem nenhum caráter*, publicada em 1928. O filme acentua o brasileirismo do poeta ao tentar reproduzir fielmente a narrativa do livro e é um dos resultados da assimilação da cultura popular pela arte, como defendia o poeta modernista paulista desde a década de 1920.

Para saber mais

IPHAN – Instituto do Patrimônio Histórico e Artístico Nacional. **Fototecas**. Disponível em: <http://portal.IPHAN.gov.br/fototeca>. Acesso em: 14 out. 2016.

- O Instituto disponibiliza uma biblioteca visual em seu portal na internet, a Fototeca, na qual você pode pesquisar fotografias dos bens culturais brasileiros de todas as naturezas, material e imaterial.

A fim de facilitar a pesquisa do usuário, as imagens são separadas em categorias entre as quais está a de fotografias de personalidades que fizeram parte da história da instituição, como o poeta Mário de Andrade.

2 Laços entre patrimônio, cultura e educação

Neste capítulo, analisaremos os vínculos entre patrimônio, cultura e educação a partir do conceito de educação patrimonial e as formas de aplicá-lo no cotidiano das estruturas formais e não formais do ensino e da aprendizagem. Enfatizaremos a relação entre cultura e educação como pilares do desenvolvimento de um país, realçando os modos de fazer, saber e viver como um dos aspectos mais importantes da consolidação da identidade cultural brasileira. Um dos resultados desse diálogo é o debate atual sobre o papel estratégico desempenhado pela **economia da cultura**. Tal discussão ganhou contornos mais precisos recentemente na Austrália e na Inglaterra, já com muitos desdobramentos no Brasil, e já se fez notar sua interação com avanços da política cultural nacional em seus planos, programas e metas.

◇◇ 2.1 O que é educação patrimonial?

Educação patrimonial é um processo de aprendizagem que se realiza mediante a utilização dos bens culturais, de natureza material e imaterial, como recursos educacionais. Tal processo permite aproximar a sociedade do patrimônio cultural que a representa simbolicamente, promovendo a ampliação do entendimento da história passada e presente. Esse processo de aprendizagem pode ocorrer nas estruturas formais e informais de ensino, sendo central em instituições de memória, como os museus. Na vida comunitária, a educação patrimonial é um elemento estratégico da atuação política, da constituição da memória e da sustentabilidade dos saberes tradicionais.

Para o Instituto do Patrimônio Histórico e Artístico Nacional (IPHAN), a educação patrimonial é composta por "processos educativos formais e não formais que têm como foco o patrimônio cultural apropriado socialmente como recurso para a compreensão sócio-histórica das referências culturais em todas as suas manifestações, a fim de colaborar para seu reconhecimento, sua valorização e preservação" (IPHAN, 2016c).

Dessa definição apreendemos, antes de tudo, a obrigatoriedade de a educação patrimonial efetivar-se de forma colaborativa, uma vez que está regrado pela Constituição Federal de 1988 (CF/1988 – Brasil, 1988) que a preservação patrimonial é dever de todos, governo e sociedade, em conjunto. Desse consenso decorre que o patrimônio cultural somente será cuidado e protegido se atuar como instrumento de conhecimento histórico e reconhecimento social para os diversos grupos sociais que formam a nação. Para que você, leitor, compreenda melhor, reproduzimos a seguir o entendimento compartilhado pelo IPHAN sobre o conceito de patrimônio para fins de educação patrimonial:

- O patrimônio cultural é um conjunto de bens culturais que estão muito presentes na história do grupo, que foram transmitidos entre várias gerações. Ou seja, são os bens culturais que ligam as pessoas aos seus pais, aos seus avós e àqueles que viveram muito tempo antes delas. São os bens que se quer transmitir às próximas gerações.
- O patrimônio cultural tem importância para muita gente, não só para um indivíduo ou uma família. Dessa maneira, o patrimônio cultural liga as pessoas. É sempre algo coletivo: uma história compartilhada, um edifício ou lugar que todos acham importante, uma festa [de] que todos participam, ou qualquer outra coisa em torno da qual muitas pessoas de um mesmo grupo se identificam.
- O patrimônio cultural faz parte da vida das pessoas de uma maneira tão profunda, que algumas vezes elas não conseguem nem mesmo dizer o quanto ele é importante e por quê. Mas, caso elas o perdessem, sentiriam sua falta. Como, por exemplo, a paisagem do lugar da infância; o jeito de preparar uma comida; uma dança; uma música; uma brincadeira. (IPHAN, 2013, p. 5)

Essa definição abrangente de patrimônio demonstra que as vidas de todos os cidadãos, em âmbito pessoal e comunitário, público e privado, são inseparáveis da cultura e dos seus significados simbólicos. Viver é fazer cultura; fazer cultura é atuar politicamente. No entanto, esse mesmo documento do órgão alerta para a diferença entre **cultura** e **patrimônio cultural**, pois o que se busca preservar são bens que portam valores. Assim, a violência é algo inerente à vivência dos seres no planeta, mas não é ela que se deseja preservar nas sociedades humanas, como um valor cultural, mas o combate a ela, a sua extinção (IPHAN, 2013). As formas de combate à violência são exemplos de práticas culturais e muitas são compartilhadas ao longo de períodos históricos, acumulando saberes e fazeres, legislação e normas.

Continuando a nos guiar pelos princípios e diretrizes do IPHAN para a educação patrimonial, ao observamos o percurso histórico desse órgão de proteção, criado em 1937, constatamos que a aproximação entre processo educacional e preservação patrimonial se efetivou nos anos 1970, justamente quando ocorreu a convergência entre o IPHAN e o extinto CNRC, por intermédio do *designer* Aloísio Magalhães. Para elucidar essas relações, nos próximos parágrafos tomamos como base o que foi apontado na publicação do Instituto, editada em 2014, intitulada *Educação patrimonial: histórico, conceitos e processos*, que recupera os primórdios da face educacional da política patrimonialista.

As pesquisas realizadas no CNRC voltaram-se a quatro eixos temáticos – artesanato, levantamentos socioculturais, história da tecnologia e das ciências no Brasil e levantamentos de documentação sobre o Brasil. Por um lado, não deram resultados imediatos, como analisamos no Capítulo 1, sobretudo quanto a efetivar a aproximação entre Poder Público e sociedade como agentes igualmente ativos na construção da política de preservação patrimonial material e imaterial; por outro lado, no entanto, renderam frutos que foram colhidos ao longo da década de 1980, dentre os quais se destaca o *Projeto Interação*, um dos primeiros a ser formulados. De iniciativa do Ministério da

Educação (MEC), o projeto logo angariou interlocução e, ao longo da sua existência – entre 1981 e 1986 –, contou com a participação de todos os órgãos federais vinculados à cultura. A aplicação da sua metodologia se dava mediante parcerias com poderes estaduais, municipais e demais instituições envolvidas com processos educacionais formais e não formais, como escolas, universidades, associações de moradores, teatros etc.

> Em sintonia com o ideário do CNRC, o *Projeto Interação* contestava a uniformidade e homogeneização em favor do reconhecimento das diferenças culturais e defendia uma metodologia de trabalho baseada na observação direta e no acompanhamento técnico periódico das experiências educacionais desenvolvidas. (IPHAN, 2014, p. 11, grifo do original)

O Boletim n. 18 do IPHAN, editado em meados de 1982, traz uma reportagem sobre os objetivos e as primeiras conquistas do *Projeto Interação*. Com o título *Cultura/Educação: SEC aprova os primeiros projetos*, a matéria recupera o contexto do surgimento e as finalidades do projeto e lembra que a inspiração veio da experiência do *Projeto Cultura e Educação* aplicado pelo Instituto em uma escola do município pernambucano de Tracunhaém, reiterando que o objetivo central é o mesmo, isto é, o de

> proporcionar meios para a comunidade participar em todos os níveis do processo educacional, garantindo que a apreensão de outros conteúdos culturais se faça a partir dos valores próprios da comunidade. Essa participação se efetivará através da integração do processo educacional às demais dimensões da vida comunitária e da geração e operacionalização de situações de aprendizagem com base no repertório cultural, regional e local. (IPHAN, 1982, p. 12)

Ao longo daquele ano (1982), foram aplicados mais de 80 projetos em localidades diferentes, abarcando todo o território nacional, desde aldeias indígenas até periferias urbanas, conforme o balanço realizado, no ano seguinte, durante o II Encontro de Técnicos da Secretaria da Educação Básica (SEC) do MEC, ocorrido em Brasília. Naquela ocasião, o responsável pela coordenação do grupo de trabalho que executava o *Projeto Interação* – composto por profissionais da Fundação Nacional de Artes (Funarte), do Instituto Nacional de Artes Cênicas (Inacen), do Instituto Nacional do Livro (INL), da Fundação Nacional Pró-Memória/IPHAN e da Secretaria de Ensino de 1º e 2º Graus do MEC –, professor José Silva Quintas. O professor descreveu as atividades e a missão do projeto, utilizando-se de palavras que permaneceriam no vocabulário do patrimônio cultural: "diversidade cultural a marcar a identidade nacional". Saindo do campo teórico, das páginas dos livros que registram o pensamento de sociólogos e historiadores e das poesias e *performances* dos modernistas, o termo *diversidade* adentrou o terreno experimental da cultura como matéria-prima da educação. No Boletim do IPHA, estão registradas as palavras de Quintas sobre a metodologia empregada:

> *Como o contexto cultural pode colaborar no aprendizado?*
> O contexto se evidencia através de relações que se dão numa comunidade: as formas de produção, diversão, associação, expressão e credo, o dia a dia das pessoas. Cultura é um bem socialmente construído por todos, numa dinâmica da qual a escola faz parte. É a intermediação do contexto cultural que vai dar realidade à escola, humanizá-la. Cada caso é um caso, e exige solução própria. O Interação não pretende transformar uma ou outra experiência bem sucedida em "modelos ideais" que podem salvar a educação. Dos projetos em andamento não existem dois iguais, o que existe de comum é o respeito ao contexto cultural e à participação. (IPHAN, 1985, p. 15, grifo do original)

Nesse período de experimentações, o termo *diversidade* se aproximava do conceito de referência cultural ao mesmo tempo que a ideia de patrimônio se ampliava, abarcando a imaterialidade. Naquele momento em que o regime civil-militar ainda estava à frente do poder, foi-se constituindo um movimento que abandonou a ênfase no valor econômico dos produtos culturais e passou a levar em conta o valor econômico e simbólico desses produtos, considerando as maneiras de produzir os bens culturais que, antes de tudo, faziam sentido, referência, às próprias comunidades. Ainda não havia acontecido, quando da vigência do Projeto Interação, a consolidação desse patrimônio ampliado em termos jurídicos, o que viria a ocorrer quando promulgada a CF/1988. No entanto, não se deve concluir prematuramente que os envolvidos diretamente no Projeto Interação já sabiam que a ditadura estava realmente perto do fim e que, logo, a Carta Cidadã seria um ponto de virada nessa história. Devemos analisar o passado em seu contexto próprio. Quando o *Projeto Interação* foi implementado em diversos pontos do território nacional, o objetivo maior já era, certamente, o de tratar os direitos culturais como um eixo estruturante para a construção de uma nação democrática, que viesse a consolidar a cultura em sua autonomia.

Quando o projeto teve início, no ano de 1981, ainda era distante o horizonte de liberdade política no país. A oposição se acirrava. A Lei de Anistia havia sido implementada em 1979, permitindo a volta de muitos exilados, mas ainda era um general quem comandava o governo; com a reação aos movimentos oposicionistas, vivenciou-se uma escalada de viés terrorista (Schwarcz; Starling, 2015, p. 481).

Na noite de 30 de abril de 1981, no Riocentro, ao final de um evento – do qual participavam 20 mil pessoas, em comemoração ao Dia do Trabalho, e que estava sendo promovido pelo Centro Brasil Democrático –, uma bomba explodiu dentro de um carro conduzido por militares que levavam o artefato para aquele destino. A pretensão era detonar várias bombas para acabar com a energia do local, o que deixaria milhares de pessoas na escuridão e em estado de pânico. O atentado foi atribuído a um grupo armado da esquerda revolucionária, apesar de ter sido praticado por dois agentes do DOI-Codi do Rio de Janeiro interessados em manter o medo entre a população, forçando a permanência do regime.

Em 1984, o movimento civil de reivindicação por eleições presidenciais diretas, o Diretas Já, havia levado milhões de brasileiros às ruas, e o sentimento nacional estava mais próximo da liberdade e da concretização do voto democrático.

Figura 2.1 – Movimento *Diretas Já*, que lotou as ruas das principais capitais brasileiras entre junho de 1983 e abril de 1984

Juca Martins/Pulsar Imagens

No entanto, a derrota no Congresso Nacional da Proposta de Emenda Constitucional n. 5, de 1983 (PEC n. 5/83), conhecida como *Emenda Dante de Oliveira*, adiou o sonho da realização das eleições diretas. Na ocasião, o novo presidente foi indicado por um Colégio Eleitoral, que escolheu para o cargo Tancredo Neves, em 15 de janeiro de 1985. O *Projeto Interação* foi encerrado no ano seguinte à eleição indireta de Neves, mas a instalação da Assembleia Constituinte, no primeiro dia do mês de fevereiro de 1987, reergueu as esperanças democráticas, inclusive abrindo espaço para o significado da diversidade cultural como objeto de direitos, conforme o art. 216 da CF/1988.

◇◇◇ 2.1.1 A consolidação de uma metodologia

Em 1999, a publicação do *Guia básico de educação patrimonial* incorporou definitivamente o termo *diversidade* e sustentou as ações educativas realizadas pelo IPHAN ao longo de toda a década seguinte. No documento, havia conceitos e relatos práticos, os quais poderiam virar realidade em diferentes regiões do Brasil, uma vez que a metodologia de trabalho poderia ser aplicada em várias escalas. Assim,

> qualquer evidência material ou manifestação da cultura, seja um objeto ou conjunto de bens, um monumento ou um sítio histórico ou arqueológico, uma paisagem natural, um parque ou uma área de proteção ambiental, um centro histórico ou uma comunidade da área rural, uma manifestação popular de caráter folclórico ou ritual, um processo de produção industrial ou artesanal, tecnologias e saberes populares, e qualquer outra expressão resultante da relação entre indivíduos e seu meio ambiente. (Horta; Grunberg; Monteiro, 1999, p. 6, citado por IPHAN, 2014, p. 13)

Para que uma evidência material (bem móvel ou imóvel) ou manifestação cultural embase ações educativas no âmbito da educação patrimonial é obrigatória a participação da comunidade. Richard Sennett, sociólogo e historiador norte-americano, em seu livro *Juntos: os rituais, os prazeres e a política de cooperação,* descreve as práticas cooperativas que existiam em sua cidade natal, Chicago (EUA), na primeira metade do século XX. Pela lembrança dessas práticas, o autor não somente recupera sua própria infância, inserindo-a num contexto social específico – caracterizado pela presença de grupos de imigrantes e afro-americanos –, mas também as recupera, em sua visão de cientista social, como instrumentos eficazes de coalizão social em um ambiente marcado pela vulnerabilidade. Em seus estudos, Sennett observa que tais práticas, as quais envolvem diretamente uma comunidade, conseguem mais ganhos sociais do que outros tipos de organizações políticas, como os sindicatos. Uma das principais razões desse distanciamento entre as comunidades e as estruturas públicas ou entidades tradicionais é o risco da corrupção inerente e as relações de poder, de cima para baixo, características destas últimas. Diante disso, o fortalecimento de formas de trabalho com base em práticas cooperativas permite alterar relações desiguais mediante a inclusão social (Sennett, 2012).

> Essa observação sobre a coesão social sem intermediários aponta a inevitabilidade da estreita relação entre **poder** e **memória**. Assim, se as instituições oficiais, como museus nacionais, são espaços de memória e, portanto, de poder, deve-se buscar configurações sociais em que se permita a inclusão da diversidade nesses espaços tradicionais, até então impregnados de um passado muito seletivo. Reconhecemos que aquilo que se transforma em memória é sempre fruto de disputas, mas pode acontecer de forma mais democrática e equalitária. A educação atua, nesse sentido, como um vetor que indica direitos iguais e universais.

O entendimento de que a educação patrimonial pode ser aplicada a qualquer bem material ou manifestação cultural, como registrado no *Guia básico de educação patrimonial*, torna o acúmulo patrimonial um instrumento de potencial democrático e de grande capacidade representativa. O envolvimento da comunidade nos processos educativos para a preservação patrimonial se baseia no conhecimento construído coletivamente, assentado sobre a cooperação, fortalecendo os vínculos entre a sociedade e o patrimônio cultural, conforme esclarece o IPHAN:

as políticas de preservação devem priorizar a construção coletiva e democrática do conhecimento, por meio do diálogo permanente entre os agentes institucionais e sociais e pela participação das comunidades detentoras e produtoras das referências culturais. Nesse processo, as iniciativas educativas devem ser encaradas como um recurso fundamental para a valorização da diversidade cultural e para o fortalecimento da identidade local, fazendo uso de múltiplas estratégias e situações de aprendizagem construídas coletivamente. (IPHAN, 2014, p. 20)

Em termos gerais, o patrimônio cultural, alvo da ação educativa não formal, como atividade política, apresenta conflitos. A seleção dos bens materiais a serem protegidos já recebeu muitas críticas que pontuam várias práticas que não democratizam as escolhas, deixando de representar a diversidade; no que tange às manifestações culturais, não é diferente: também são registrados embates na definição de critérios de valorização e acautelamento. E, aqui, a aprendizagem como ferramenta de moderação se faz novamente presente, unindo definitivamente *educação* e *cultura*. Assim, "as instituições públicas devem, mais do que propriamente determinar valores *a priori*, criar espaços de aprendizagem e interação que facultem a mobilização e reflexão dos grupos sociais em relação ao seu próprio patrimônio" (IPHAN, 2014, p. 23). Nesse espaço de mediação, os eixos indispensáveis da cultura e da educação interagem com outras áreas importantes para garantir a construção coletiva do conhecimento e do patrimônio, como turismo, meio ambiente, saúde e desenvolvimento urbano.

Como sonhou um dia o poeta modernista Mário de Andrade: o patrimônio é um tema que atravessa toda a complexidade da realidade cultural. E para nossa análise a seguir relembraremos o conceito de

hibridação, defendido pelo estudioso argentino Néstor Canclini (2013), conforme referimos no Capítulo 1. Isso pode contribuir para a compreensão de complexidade do fenômeno da cultura.

Ao emprestar o conceito de **híbrido** da biologia, Canclini não o utiliza como as ciências naturais no século XIX o faziam (acreditava-se que, quando dois gêneros se cruzam, o descendente é estéril), mas lança mão do conceito para estudar o campo da cultura justamente em sua fertilidade, no quesito da criatividade, recurso que não se esgota, que sempre se multiplica e se renova. De acordo com Canclini, a **criatividade**, individual e coletiva, é que gera a **hibridação** de práticas socioculturais cotidianas, no desenvolvimento das tecnologias e nas artes em geral. A criatividade é capaz de adaptar conhecimentos e saberes às novas condições de produção e do mercado mediante processos de hibridação (Canclini, 2013, p. XXI-XXII).

Levando isso em consideração, os processos educacionais participativos devem partir das **referências culturais** dos grupos sociais diversos capacitando-os a compreender as misturas das quais são feitos e a refletir tanto sobre "contextos inclusivos quanto sobre a diversidade cultural [...]" (IPHAN, 2014, p. 27). As referências culturais devem ser reconhecidas por um determinado grupo social e, ao mesmo tempo, ser representativas perante outro grupo, que se identifica com elas tanto pela semelhança quanto pela diferença. Daí a necessidade de um conhecimento específico, sobre aquilo que representa diretamente um coletivo, e também universal, pelo qual cada um possa se localizar na complexa rede híbrida intercultural.

> De acordo com Canclini, a **criatividade**, individual e coletiva, é que gera a **hibridação** de práticas socioculturais cotidianas, no desenvolvimento das tecnologias e nas artes em geral.

Figura 2.2 – Museu da Periferia (MUPE)[1], localizada no bairro Cidade Industrial, em Curitiba

Ciciro Back / Tribuna do Paraná

Nota: [1] Fundado em 2011, o MUPE narra a história da ocupação local, preservando a história da habitação popular.

Se aplicássemos esse conceito nas atividades da educação patrimonial teríamos que considerar o diálogo entre ambientes diversos: os do ensino formal, realizado nas escolas e universidades, aqueles que promovem ações descentralizadas e as que efetivam normatização e a aplicação de programas e legislações. Na última seção deste capítulo, analisaremos alguns processos concretos realizados nesses ambientes diversos. Por enquanto seguiremos cronologicamente a linha do tempo, atentando para alguns dos mais importantes marcos da normatização da política nacional de educação patrimonial, os quais guiam ainda hoje as atividades nessa área.

◇◇◇◇ 2005: I Encontro de educação patrimonial

O evento realizado em setembro, na cidade de São Cristóvão, no Sergipe, "teve como objetivo a discussão e proposição de parâmetros nacionais para ações de educação patrimonial do IPHAN nas escolas, museus e sociedade" (IPHAN, 2014, p. 41). Seis anos depois (2011), a segunda versão do encontro, ocorrida na cidade de Ouro Preto (MG), resultou na elaboração de um texto-base para uma política nacional da educação patrimonial, organizado em quatro eixos temáticos:

1. Perspectivas teóricas em educação, patrimônio cultural e memória: discussão conceitual;
2. Educação patrimonial: participação social e sustentabilidade;
3. Educação patrimonial, espaços educativos e cooperação;
4. Educação patrimonial, marcos legais, gestão e avaliação.

◇◇◇◇ 2008: Implementação do projeto Casas do Patrimônio

As Casas do Patrimônio representam "novas formas de relacionamento entre o IPHAN, a sociedade e os poderes públicos locais [...]" (IPHAN, 2014, p. 46) para a realização de atividades que promovam o patrimônio cultural por meio do fomento à educação patrimonial.

Nesse ano foram realizadas ações em decorrência de debates que aconteciam desde o ano anterior, consolidados na Oficina para Capacitação em Educação Patrimonial e Fomento a Projetos Culturais nas Casas do Patrimônio[1].

◇◇◇◇ 2009: Carta de Nova Olinda

Entre 27 de novembro e 1º de dezembro ocorreu no município de Nova Olinda, no Estado do Ceará, o I Seminário de Avaliação e Planejamento das Casas do Patrimônio, com o objetivo de criar instrumentos para que tais instituições funcionassem em conformidade com seus propósitos e de forma duradoura. O evento resultou na elaboração da Carta de Nova Olinda.

◇◇◇◇ 2009: I Fórum Nacional do Patrimônio Cultural

Na cidade de Ouro Preto, em dezembro, o IPHAN, em parceria com o Fórum Nacional de Dirigentes e Secretários Estaduais de Cultura e a Associação Brasileira de Cidades Históricas (ABCH), inaugurou esse fórum com o objetivo principal de debater o Sistema Nacional do Patrimônio Cultural (5ª meta do Plano Nacional de Cultura – PNC, da qual trataremos mais adiante, neste capítulo). A reunião de vários

---

[1] De acordo com o IPHAN, "As Casas do Patrimônio constituem-se de um projeto pedagógico, com ações de educação patrimonial e de capacitação que visam fomentar e favorecer a construção do conhecimento e a participação social para o aperfeiçoamento da gestão, proteção, salvaguarda, valorização e usufruto do patrimônio cultural. Fundamentam-se, ainda, na necessidade de estabelecer novas formas de relacionamento entre o Iphan, a sociedade e os poderes públicos locais.

Um dos seus objetivos é interligar experiências e espaços que promovam práticas e atividades de natureza educativa de valorização do patrimônio cultural. Não restritas à instalação de uma estrutura física, as Casas do Patrimônio têm como desafio ampliar o diálogo com a sociedade a partir da educação patrimonial, multiplicando locais de gestão compartilhada de ações educativas e de construção das políticas públicas de patrimônio cultural." Disponível em: <http://portal.iphan.gov.br/pagina/detalhes/502>. Acesso em: 10 nov. 2016.

agentes em formato de fórum visava à consolidação da gestão compartilhada do patrimônio cultural, tendo a educação patrimonial como um dos instrumentos de realização de inventário das manifestações culturais dos municípios. Para integrar o sistema, estados e municípios devem ter suas próprias legislações e políticas na área. Essas atividades têm acompanhado a revisão das metas do PNC.

◇◇◇◇ 2011: Laços entre a educação e a cultura

Nesse ano, o destaque foi a parceria entre o Ministério da Cultura (MinC) e o Ministério da Educação (MEC) como um dos principais resultados do II Encontro Nacional de Educação Patrimonial, para a promoção dos laços indissolúveis e indissociáveis entre educação e cultura. A educação patrimonial, desde então, tem sido proposta pelo IPHAN mediante a articulação com os princípios do Programa Mais Educação (da Secretaria de Educação Básica – SEC, do Ministério da Educação) e a aplicação de um conceito de espaço educativo, que amplia a educação para além dos muros das escolas. O interesse do MinC ao se associar ao programa, uma estratégia do governo federal para a valorização e a implementação da educação integral, é desenvolver plenamente a grande área cultural e artística. Para tanto, o IPHAN desenvolve uma metodologia de trabalho que pretende possibilitar "um mapeamento inicial das referências culturais e potencialidades educativas que estão imersas na realidade escolar – um inventário do patrimônio local" (IPHAN, 2014, p. 33).

O registro do patrimônio cultural segundo a perspectiva dos estudantes do ensino básico da rede pública brasileira contribui para enriquecer a identificação do patrimônio nacional em sua diversidade, considerando-se as categorias de lugares, os objetos, as celebrações, as formas de expressão e os saberes. A comunidade, o bairro, a cidade e demais espaços são mapeados pelos estudantes com base nas orientações do IPHAN e sistematizadas no documento *Educação patrimonial no Programa Mais Educação: manual de aplicação*, editado em 2013. Nesse documento, é apresentada a metodologia da elaboração de inventários para identificar as referências culturais que formam o patrimônio cultural local.

Convidamos você, então, a fazer um passeio pelo Brasil e conhecer algumas dessas iniciativas. Imagine que você tem em mãos uma "Codaque", como a do poeta Mário de Andrade, como relatamos no Capítulo 1, para registrar a diversidade brasileira. Antes, porém, precisamos esclarecer o que é um inventário.

◇◇ 2.2 As práticas da educação patrimonial: inventário e registro das referências culturais brasileiras

No percurso explorado até aqui, ficou evidente que, desde a CF/1988, a noção de patrimônio ampliou-se, abrigando categorias que até aquele momento haviam ficado apenas na memória; eram resquícios do legado de Mário de Andrade, que redigiu, em 1936, o anteprojeto para a política preservacionista do patrimônio histórico e artístico nacional. Também mencionamos que, no momento da fusão do IPHAN com o CNRC/Fundação Nacional Pró-Memória no final dos anos 1970, essa ampliação conceitual passou a se efetivar na prática, passando a abranger a noção de referência cultural. Ao longo das décadas seguintes, iniciativas objetivaram atualizar as experiências do CNRC para a construção de novos instrumentos de identificação de bens culturais de naturezas diversas. A revisão da noção de patrimônio material (bens edificados e monumentos, principalmente) contribuiu para que as práticas preservacionistas se expandissem. Lembremos ainda que nos anos 1990 também estavam em desenvolvimento as questões acerca do conceito de **imaterial**, que culminou com o Registro de Bens Culturais de Natureza Imaterial entre o final do século XX e do início do século XXI.

Em 1999, ano em que fora publicado o *Guia Básico de Educação Patrimonial*, surgiu o Inventário Nacional de Referências Culturais (INRC), que normatizava a metodologia para identificar as referências culturais segundo os valores atribuídos a elas pelos grupos sociais.

O Inventário Nacional de Referências Culturais (INRC) é uma metodologia de pesquisa desenvolvida pelo IPHAN para produzir conhecimento sobre os domínios da vida social aos quais são atribuídos sentidos e valores e que, portanto, constituem marcos e referências de identidade para determinado grupo social. Contempla, além das categorias estabelecidas no Registro, edificações associadas a certos usos, a significações históricas e a imagens urbanas, independentemente de sua qualidade arquitetônica ou artística.

A delimitação da área do Inventário ocorre em função das referências culturais presentes num determinado território. Essas áreas podem ser reconhecidas em diferentes escalas, ou seja, podem corresponder a uma vila, a um bairro, a uma zona ou mancha urbana, a uma região geográfica culturalmente diferenciada ou a um conjunto de segmentos territoriais. (IPHAN, 2106d)

O **inventário** é, portanto, um instrumento no qual se identifica um bem cultural para registro (bem imaterial) ou tombamento (bem material). Assim, todos os bens são inventariados, mudando-se apenas a forma de acautelamento (registro ou tombamento), que pode acontecer ou não como resultado da aplicação do inventário de referências culturais. Por mesclar bens materiais e imateriais, o inventário reflete, assim, a diversidade e a pluralidade culturais de um determinado grupo social, bem como os sentidos dados a essa rede cultural complexa pela própria comunidade.

Para tanto, os procedimentos para se inventariar as referências culturais foram estabelecidos pelo IPHAN a partir de experiências passadas, como comentamos anteriormente, e desde o conceito amplo de patrimônio consolidado pela CF/1988, considerando-se as dimensões material e imaterial. Aqui, iremos nos ater aos procedimentos voltados ao patrimônio intangível, uma vez que os procedimentos relativos aos bens móveis ou imóveis tratam de unidades facilmente identificáveis, individualizadas. Para tanto, seguiremos a rota traçada pelo INRC/Departamento de Identificação e Documentação (DID), dedicado à criação, à organização e ao banco de dados dos inventários (IPHAN, 2000).

Pensar a respeito das tradições de uma sociedade, dos símbolos que representam sua identidade, dos modos de viver e de fazer nela inscritos é uma tarefa mais fácil do que refletirmos sobre nossas próprias condições, pois muitas vezes as práticas sociais se naturalizam de tal modo que se tornam dadas, sem movimento, sem história. Por isso, o INRC tem como primeira recomendação "registrar os dados que sejam mais imediatamente apreensíveis por meio de roteiros e formulários padronizados. [...] domínios reconhecíveis da vida social como as festas, as artes e os ofícios, os lugares de importância diferenciada" (IPHAN, 2000, p. 30).

Diante desse primeiro critério, verifica-se que o inventário é destinado à identificação de referências que podem ser distribuídas nas seguintes categorias, todas com bens registrados nos respectivos Livros de Registros, sendo: 1) celebrações, 2) formas de expressão, 3) ofícios e modos de fazer, 4) lugares.

> É importante observar que nos parece pouco sábio separar o patrimônio
> cultural em receptáculos diferentes e isolados, de um lado o material e
> de outro o imaterial. Isso pode ser adequado para fins de registro e proteção, mas a adoção desse método não significa crer que a realidade social
> funcione dessa maneira. O que está por trás é o olhar sobre o objeto a ser
> preservado, e esse olhar é uma prática social, tornando interdependentes
> o concreto (pedra e cal de um monumento) e o intangível (o pensamento e
> as sensações). Sendo uma das principais práticas da educação patrimonial,
> o inventário das referências culturais reflete uma preocupação universal
> para a salvaguarda dos saberes tradicionais.

Eis um exemplo ocorrido na França: em 1993, a Organização das Nações Unidas para a Educação, a Ciência e a Cultura (Unesco) lançou o programa *Tesouros Humanos Vivos* para promover o reconhecimento do valor dos mestres detentores de saberes intangíveis, bem como dar condições para que eles pudessem continuar existindo e sendo transmitidos: "É preferível assegurar que os detentores do patrimônio imaterial continuem a adquirir conhecimento e 'saber-fazer' e os transmitam às gerações seguintes" (Unesco, 1993, citado por Abreu, 2009, p. 85). Esse organismo internacional elaborou um guia para ser aplicado em cada país. A França logo se destacou, premiando diversos mestres da arte já no ano seguinte da implantação do programa. Aqui fica clara a interdependência entre o tangível e o intangível, pois esses mestres de arte franceses foram selecionados por serem portadores de saberes técnicos necessários para a perenidade do patrimônio material.

Um projeto interdisciplinar desenvolvido em Curitiba, com apoio da Lei Municipal de Incentivo à Cultura/Fundo Municipal de Cultura, intitulado *Mestres Artífices: o Imaterial Impresso na Materialidade*, identificou, entrevistou e fotografou três mestres em diferentes ofícios, todos eles, porém, indispensáveis para a recuperação do patrimônio histórico edificado: um entalhador em madeira, um forjador de ferro e um artesão que produz de vitrais estruturado em pedra. Os três artistas tinham saberes técnicos singulares e auxiliavam arquitetos e restauradores a recuperar o patrimônio de uma cidade e mantinham um ofício tradicional em convivência com o ritmo urbano de uma capital brasileira.

São habilidades únicas, como o entalhe de delicadas flores em uma peça de madeira bruta, ou uma barra de ferro que, retorcida, revela desenhos harmônicos, ou uma composição em pedra ou vidro, que transmite uma mensagem ao alcance de todos. Todas elas, dotadas de técnicas, regras, princípios e métodos singulares, têm o poder de recompor o que se quebrou, o que se gastou com o tempo, no caso do restauro, ou de colocar a arte no cotidiano da cidade, em seus muros, praças, edificações de diversas naturezas etc.

Curitiba ainda possui essa magia de abrigar, em um mesmo espaço físico que delimita territorialmente seu município, atividades domesticadas pelo ritmo da indústria, que gera produtos com prazo de validade programado para expirar em curto tempo, e outras que, ao contrário, são pensadas, desde o esboço, para sobreviver por longo período. São temporalidades diferentes que convivem, não sem conflito, mas que, de certa forma, devem ser objeto de registro histórico. (Marchette, 2011, p. 11-12)

Tais saberes raros não foram totalmente varridos do mapa pelo avanço das formas globalizadas de produção e da tecnologia de ponta em vários setores; ainda há espaço para convivência quando o assunto é preservação patrimonial. Há também, todavia, uma zona de conflito quando se trata de condições desiguais de mercado de trabalho e circulação de produto. O que fica nos bastidores dessa coexistência harmônica e conflituosa é, justamente, o aprendizado. Na França, cada mestre de arte selecionado e premiado recebia junto ao valor monetário do prêmio a obrigação de formar um aluno capaz de desenvolver a mesma arte, do início ao fim. Um desafio aos países, portanto, é ampliar esse espaço de convivência entre o tradicional, de um lado, e o moderno e globalizado, do outro, para além das necessidades da preservação patrimonial propriamente dita, possibilitando que ambos sejam reconhecidos como formas sociais significativas. Interessante notar, nesse sentido, que a inspiração para o *Tesouros Humanos Vivos* veio do outro lado do planeta, de países orientais como o Japão.

> Nesses países, as concepções de preservação e de construção do patrimônio cultural são bem diferentes das encontradas em países ocidentais, valorizando-se sobretudo o "saber-fazer", os procedimentos, as técnicas, as formas de organização do trabalho e da produção, não apenas o resultado material (em pedra e cal) ou mesmo imaterial (as "performances") desses processos. (Abreu, 2009, p. 85)

Há filmes que retratam essa concepção oriental sobre o patrimônio cultural. Na filmografia chinesa contemporânea, em uma das cenas de um filme, um mestre de arte que conserta cerâmicas chega a um vilarejo do interior do enorme país. Uma das famílias locais tinha uma tigela quebrada e em vez de sair do lugarejo para comprar outra tigela numa cidade maior, aguardou que um especialista fizesse o reparo no utensílio, que parece ter adquirido um valor sentimental ao ter sido manuseado pelo mestre. No entanto, tanto no Ocidente como no Oriente, tais mestres representam uma sabedoria transmitida, portanto, coletiva, diferentemente de um artista moderno, de um solista de piano, de um tenor de ópera, que contam com talentos individuais. Esses **saberes** estão ligados a uma **tradição**, e esta é inventariada de acordo com as questões postas pelo tempo presente.

Lembra-se do primeiro bem cultural imaterial registrado no Brasil, o ofício das paneleiras de Goiabeiras? Um dos aspectos que trouxe à tona e deu visibilidade ampla a esse modo de fazer foi a ameaça de contaminação e destruição do barreiro utilizado pelas mulheres para a fabricação das panelas. O seu reconhecimento como patrimônio imaterial, ligado a uma antiga tradição feminina de origem indígena, auxilia na preservação do meio ambiente de produção das panelas, protegendo um **lugar de memória**.

A versão brasileira do *Tesouros Humanos Vivos* teve grande impulso em 2007, quando o MinC criou o Prêmio Culturas Populares. Integrante do espírito das políticas sociais voltadas para grupos e famílias em condição de vulnerabilidade social, o prêmio identifica mestres de artes e ofícios e fornece um auxílio financeiro mensal para que os selecionados possam dar continuidade aos seus saberes, transmitindo suas tradições às novas gerações e inspirando-as. No Ceará, com o título de *Edital Tesouros Vivos*, foram identificados e selecionados, no ano de 2015, novos mestres e grupos da cultura popular, entre eles um ceramista e um artesão de relojoaria especializado em relógios de torres de igrejas.

A educação patrimonial, portanto, parte sempre de uma tradição, a qual se constitui na transmissão, de geração em geração, de técnicas e procedimentos dos portadores dos saberes para os aprendizes. Nos últimos anos, esses saberes tradicionais têm ganhado destaque para além da preservação dos seus processos, e seus produtos têm sido mais valorizados (revertendo em benefícios financeiros para a comunidade que os produz) como resultado da criatividade coletiva. A cultura como eixo de desenvolvimento simbólico e econômico de uma nação é o centro da **economia da cultura** ou **economia criativa**.

◇◇◇ 2.2.1 O inventário pelo INRC

Retomando a temática do inventário das referências culturais, observamos que, segundo o *Manual de Aplicação* do INRC, a metodologia pressupõe três etapas: 1) levantamento preliminar dos sítios e localidades e dos bens culturais, 2) identificação e 3) documentação.

O levantamento preliminar é realizado por meio de uma ficha de campo que busca responder às seguintes questões:

1. O que a comunidade destaca de forma reiterada como bem de significação diferenciada enquanto marca de sua identidade;
2. O que o conhecimento acumulado sobre o sítio permite destacar;
3. O que se verifica ser relevante comparativamente, por semelhança ou contraste com o que ocorre na região de entorno da área inventariada;
4. A vigência da referência nas práticas sociais atuais ou na memória. (IPHAN, 2000, p. 37)

Comentamos na seção anterior que as práticas culturais tendem a se naturalizar em suas comunidades, e, para redefinir essa visão geral, a aplicação do inventário de referências culturais tenta redimensioná-las nas perspectivas do tempo e do espaço. Nesse ponto, precisamos elucidar um conceito que ainda não analisamos, o de **território**. Essa palavra apareceu nas interpretações que se dedicam à história em sua intersecção com os estudos geográficos, promovendo a análise do **tempo** e do **espaço**, principais dimensões consideradas pelos historiadores nas quais os seres humanos se movem e se relacionam. A delimitação de um espaço, o recorte de um tema de estudos que se passa em um determinado lugar, deriva em termos anexos, como região, paisagem e território. E isso porque o território é o primeiro elemento a ser conhecido nesse levantamento de bens culturais.

O conceito de território foi apropriado pelos historiadores ao longo do século XX para deixar claro que as sociedades e seus indivíduos produzem constantemente práticas sociais em um lugar físico, porém marcado de carga simbólica: uma propriedade particular para uma família, uma casa na cidade ou uma fazenda; uma cidade, grande, média ou pequena, para seus habitantes; uma escola para os alunos e para os professores; um local de trabalho para os funcionários e chefias; um lugar onde se pratica um culto religioso para uma comunidade.

Se lembrarmos do primeiro registro de bem imaterial promovido no Brasil, o ofício das paneleiras de Goiabeiras, a ideia de território ficará bem clara. No dossiê elaborado pelo IPHAN, para apresentar o processo que resultou no registro desse ofício como um patrimônio imaterial brasileiro, o primeiro item se denomina *O território do ofício*. Nele se descreve o **lugar** onde vivem as paneleiras – o bairro de Goiabeiras, na cidade de Vitória, no Espítito Santo – ocupado devido à expansão urbana da região, bem como o manguezal, o barreiro e os locais de trabalho dessas mulheres. A pesquisa documental realizada, além das entrevistas com as paneleiras, mostrou como elas foram adaptando seu ofício em meio ao crescimento urbano, a fim de preservar o território e as matérias-primas para a fabricação das panelas. Assim, o acesso ao barreiro, pelo manguezal, mudou em alguns aspectos, porém continua a representar uma relação fundamental entre as paneleiras e seu ofício. Portanto, o território dessas artesãs é composto por residências familiares, manguezal, barreiro e galpões onde são produzidos e vendidos os objetos que confeccionam.

A segunda etapa, a da **identificação**, consiste em detalhar esse território para que se compreenda todo o processo de produção desse bem cultural. O material origina a **documentação**, analisada pelo Conselho Consultivo do Patrimônio Cultural, que o aprecia para aprovar ou não o pedido de registro em Livro do Patrimônio Imaterial; no caso das paneleiras, no Livro de Ofícios e Saberes.

Após registrar um bem cultural imaterial como patrimônio brasileiro, é preciso planejar a salvaguarda desse bem, pois a ele estão associados outros bens culturais. Ainda no caso de Goiabeiras, as preparações culinárias feitas nessas panelas de barro e as respectivas receitas dizem respeito a uma prática delimitada territorialmente, articulada em uma atividade produtiva mais abrangente, que remete a uma região bem mais ampla do Espírito Santo. A preocupação com a preservação do barreiro, do manguezal, do transporte do barro, da qualidade do ambiente de trabalho das paneleiras, entre outros aspectos, motiva ações mobilizadas pela sociedade civil e pelo poder público para que esse ofício tenha uma vida longa, proporcionando, também, o desenvolvimento regional.

> A política de preservação dos bens culturais de natureza imaterial vai além, portanto, do Registro dos bens e do seu reconhecimento como Patrimônio Cultural Brasileiro. Trata, igualmente, do compromisso do poder público em apoiar a produção e a continuidade dos bens registrados; o que está sendo feito por meio da construção e implementação de Planos de Salvaguarda, estabelecidos de forma conjunta e articulada com os produtores desses bens e demais parceiros empenhados na preservação cultural e na valorização social de todos os envolvidos. (IPHAN, 2016b, p. 51)

O desenvolvimento regional que essa prática cultural proporciona vem atraindo a atenção de várias entidades, principalmente do poder público, para que a cultura se fortaleça na estrutura econômica do país. A seguir, observaremos que esse tema faz parte de um debate contemporâneo dos mais importantes sendo fundamental o diálogo entre todos os envolvidos, uma vez que a proteção do patrimônio é obrigação dos governos e da sociedade, sempre.

◇◇ 2.3 Economia criativa: diálogo com o patrimônio cultural intangível

O debate acerca da cultura como elemento estratégico para o desenvolvimento de uma nação se intensificou nos primeiros anos do século XXI e passou a ser um tema em destaque entre pesquisadores interessados em articular desenvolvimento e inclusão social. A economia criativa é um dos centros dessa discussão, em termos práticos e teóricos. Com ela, é possível revelar e potencializar recursos intangíveis e infinitos da criatividade existentes em toda e qualquer sociedade como solução principal aos problemas econômicos, uma vez que suas ações têm a capacidade de gerar trabalho, emprego e renda.

O tema **economia criativa** adquiriu peso e, durante a XI Conferência da Organização das Nações Unidas sobre Comércio e Desenvolvimento (UNCTAD), ocorrida em São Paulo, em 2004, foi inserido na agenda política internacional de desenvolvimento econômico. Desde então, a UNCTAD realizou análises e pesquisas e promoveu ações internacionais para impulsionar os debates, e o fomento Unesco definiu setores da economia criativa, que se desdobram em mais de 20 atividades, estando entre elas:

- patrimônio natural e cultural;
- espetáculos e celebrações;
- artes visuais e artesanato;
- livros e periódicos;
- audiovisual e mídias interativas; e
- *design* e serviços criativos.

Observe na Figura 2.6 as atividades relativas ao setor do patrimônio imaterial (no 1º nível superior): sítios culturais e manifestações culturais, abrangendo, portanto, as dimensões material e imaterial da ação humana. Também é interessante notar que os setores e atividades se inter-relacionam de modo não hierárquico, mas em termos dialógicos.

Figura 2.6 – Setores da economia criativa elencados pela Unesco

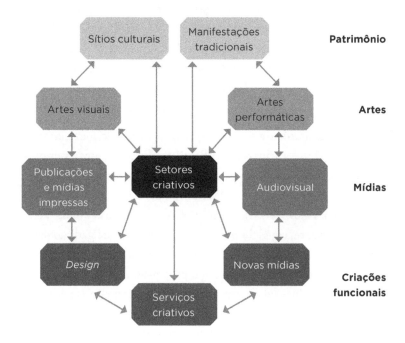

Fonte: Adaptado de Relatório..., 2012, p. 8.

No Brasil, no ano de 2012, foi implantada no MinC a Secretaria de Economia Criativa (SEC), com o objetivo de liderar a construção de propostas interministeriais para o desenvolvimento nacional centradas na cultura. Não obstante a mudança na estrutura do MinC e a extinção da SEC em 2015, as questões suscitadas pela economia criativa continuam vivas no cenário da política cultural brasileira e o tema é considerado prioridade para o ministério, que realiza mais de uma centena de iniciativas de apoio ao setor. Esse órgão federal criou, recentemente, o Comitê Ministerial de Economia da Cultura (CMEC) para planejar de forma estratégica as ações nessa área. Considerando-se a política nacional de cultura, a Meta n. 7 do Plano

Nacional de Cultura (o qual analisaremos em detalhes no próxima seção deste capítulo) tem o propósito de mapear os segmentos culturais com cadeias produtivas de economia criativa. Até 2014 foram mapeadas as cadeias dos museus (entidades que se inserem no setor de patrimônio cultural) e do *design* (setor de *design* e serviços criativos). Com base nessa realidade, o MinC iniciou a construção coletiva de planos setoriais da cultura, entre os quais está o setor de museus[2].

Sabendo que a **cultura** é toda e qualquer forma de manifestação humana, pode se afirmar que o Brasil apresenta muitos exemplos da materialidade do saber intangível e abriga movimentos sociais suportados economicamente pela criatividade, como coletivos e outras configurações inovadoras de organização da produção cultural. A economia criativa, seja qual for o setor, está intimamente ligada ao patrimônio intangível, uma vez que a matéria-prima de ambos são recursos abundantes e que se renovam com o uso; entre tais recursos estão a criatividade, a diversidade cultural, o conhecimento, a experiência, o cuidado e os valores humanos (Deheinzelin, 2012). A criatividade tem o poder de transformar socialmente grupos desiguais, direcionando os vetores da produtividade para a valorização dos saberes individuais e comunitários movidos pela sustentabilidade.

Entretanto, a cadeia produtiva de setor específico da economia criativa, o do **patrimônio natural e cultural**, precisa trilhar um caminho mais extenso, pois as ações que objetivam o reconhecimento e a preservação dos bens culturais envolvem políticas públicas em todas as esferas do poder e a sociedade. Assim, faz-se necessário democratizar e tornar mais transparente o registro (bens imateriais) e o tombamento (bens materiais), assegurando a representatividade do patrimônio cultural e, consequentemente, seu valor simbólico e econômico. Somente com a participação social é que o país avançará efetivamente no que

---

[2] Para mais informações, consulte o Plano Nacional Setorial de Museus, editado em 2010, disponível na página do MinC: <http://www.museus.gov.br/wp-content/uploads/2012/03/PSNM-Versao-Web.pdf>. Acesso em: 18 out. 2016.

se refere aos princípios da economia criativa – inclusão social e cooperação –, aplicando-os no setor do patrimônio. A cultura tem que ser compreendida e gerida como eixo de desenvolvimento, de forma que todas as atividades a ela relacionadas, sejam abrangentes e não excludentes. Na condição de cadeia produtiva da economia criativa, o patrimônio assume, entre outros papéis, a responsabilidade de promover a participação efetiva na consolidação das metas do PNC.

2.4 Acesso à cultura e à educação

A Lei n. 12.343, de 2 de dezembro de 2010 (Brasil, 2010), instituiu o Plano Nacional de Cultura, tendo como objetivo "o planejamento e implementação de políticas públicas de longo prazo (até 2020) voltadas à proteção e promoção da diversidade cultural brasileira" (Brasil, 2014).

Conforme os dicionários, plano é um conjunto de medidas de ordens diversas (econômicas, sociais, políticas etc.) que se destina a um propósito. Reforçando o marco jurídico firmado na CF/1988, a finalidade do PNC é proteger e promover a diversidade cultural brasileira. Temos comentado, até agora, que a multiplicidade de referências culturais abrigadas no vasto território nacional é a pedra de toque do fortalecimento das políticas públicas voltadas para a educação e para a cultura, sendo a preservação do patrimônio brasileiro um dos elementos constitutivos dessa agenda governamental.

Composto por 53 metas, o PNC somente alcançará seus propósitos, porém, quando envolver todos os entes federados, gestores e sociedade, por meio do bom funcionamento do Sistema Nacional de Cultura (SNC)[3].

---

[3] Você pode acompanhar o cumprimento ou a revisão das metas em uma plataforma digital, pois elas são sempre atualizadas pelo Ministério. Basta acessar a plataforma, cadastrar-se e fazer *login* para personalizar sua busca e analisar as metas de seu interesse ou de sua comunidade, pois também é possível acessar os planos territoriais de estados e municípios. Acesse: <http://pnc.culturadigital.br>.

Neste ponto, voltaremos nossa atenção a essa plataforma para analisar as metas referentes à educação patrimonial, a fim de examinarmos melhor o PNC e as ações na área que é objeto de nosso interesse. Ao selecionar o tema **educação e pesquisa** e a *tag* **planos culturais**, constatamos que são muitas as metas a serem executadas, como a de número 31, que recomenda que todos os municípios brasileiros tenham, até o ano de 2020, algum tipo de instituição ou equipamento cultural, como museu, teatro ou sala de espetáculo, arquivo público ou centro de documentação, cinema ou centro cultural. Em 2012, apenas 25% dos municípios dispunham de museus, e somente 34% das cidades brasileiras contavam com centros culturais. Diante desses números, as políticas públicas promoveram programas e ações que visavam alcançar as respectivas metas. Quanto à educação, destacamos programas que objetivam aumentar em 60% a frequência nessas instituições e equipamentos culturais, como os voltados para os museus. São exemplos disso os seguintes eventos: Primavera dos Museus, Semana Nacional dos Museus e Conhecendo Museus. Lembramos que as instituições museológicas são essenciais na formação educacional patrimonial, uma vez que possibilitam a transformação social pela apreensão da memória, do passado coletivo, não de forma congelada, mas vívida, com os objetos expostos como um meio de comunicação entre as representações atuais e os antepassados.

> No fundo, a diversidade cultural envolve a tudo e todos. No Brasil, não dá para ser de outra maneira, nem mesmo no mundo. Se desejamos um planeta melhor, a cultura da paz deve ser o ideal a ser buscado pelos governos, governantes e povos e, para isso, a diversidade entre eles deve ser respeitada.

A Primavera dos Museus, instituída em 2007, é uma temporada cultural em homenagem a essa estação climática para aproveitar culturalmente as atividades desenvolvidas nos museus brasileiros.

São possíveis outras combinações entre os temas e as *tags* listadas na plataforma para aprimorar o acompanhamento da execução das metas. Se combinarmos, por exemplo, o tema **patrimônio cultural** com a *tag* **mestres de saberes e fazeres**, verificamos, dessa vez, que a Meta n. 9 prevê o desenvolvimento de pelo menos 300 projetos de apoio à sustentabilidade econômica da produção cultural local. Até 2014, 179 projetos foram beneficiados. Um dos programas que promove o alcance dessa meta em particular é o projeto *Incubadoras Criativas*. Ao disponibilizar ferramentas de negócios para as áreas da economia criativa, o Brasil fomenta o trabalho de artistas e demais profissionais da cadeia produtiva das áreas criativas, qualificando-os para elaboração de projetos culturais, gestão da produção e demais campos necessários à sustentabilidade de saberes tão especiais. São estes os "tesouros vivos" do país.

Em verdade, a diversidade cultural envolve a tudo e todos. Se desejamos um planeta melhor, a cultura da paz deve ser o ideal a ser buscado pelos governos, governantes e povos e, para que isso ocorra, a diversidade entre eles deve ser respeitada.

À diversidade se conecta outro tema central dos estudos sobre patrimônio cultural: **a educação ao alcance de todos**. Somente nas sociedades abertas à diversidade o acesso à educação é universal. Sendo uma ação transversal, a educação patrimonial não deve refletir os conteúdos didáticos formais das escolas, mas sim atuar como elemento crítico do aprendizado, fazendo o conhecimento extrapolar os muros da escola, inserindo nos alunos a consciência cidadã do cuidado com o passado. Desse modo, saindo um pouco do universo dos mestres populares da cultura e voltando o olhar para as crianças, é premissa de toda instituição cultural e dos lugares de memória pautar suas ações educativas numa perspectiva inclusiva, considerando também que tal público contém em si a diversidade: há deficientes físicos ou cognitivos, superdotados, filhos de migrantes, pessoas em vulnerabilidade social ou de diferentes etnias etc. A educação patrimonial nasceu em um contexto mundial em que se valoriza a inclusão e, por isso, é interessante conhecermos um pouco sobre a trajetória internacional que preconiza essa universalidade.

Em 1994, a Unesco promoveu, na Espanha, a Conferência Mundial de Educação Especial, da qual resultou a *Declaração de Salamanca*. É uma resolução que trata dos princípios, políticas e práticas em educação inclusiva, reiterando a *Convenção sobre os Direitos da Criança* (1988) e a *Declaração Mundial sobre Educação para Todos* (1990), da ONU. Segundo esses documentos, a educação e seus ambientes formais devem se colocar ao lado dos seus respectivos alunos, e não acima deles, promovendo uma relação **não autoritária**, mas **solidária**. Portanto, ao lembrarmos que indicamos como marco da implementação da educação patrimonial no Brasil o *Guia Básico de Educação Patrimonial*, editado no ano de 1999, subentendemos a importância de tais precedentes internacionais. Se, para a cultura patrimonial, a educação é uma parceira imprescindível, para a educação a pluralidade cultural é alvo de consideração, estabelecendo-se uma via de mão dupla a ser explorada por ambos.

A mesma tendência evidenciou-se em âmbito internacional, uma vez que a diversidade é inerente aos seres vivos. Em 2005, ocorreu em Paris a Conferência Geral da Unesco, na qual definiu-se que a diversidade cultural é patrimônio da humanidade, devendo ser valorizada e preservada em benefício de todos. Nascia ali a Convenção sobre a Proteção e Promoção da Diversidade das Expressões Culturais, que em 2015 completou uma década. A imprensa contemporânea divulgou de forma expressiva a notícia da Convenção, informando que dos 154 países representados na votação, 148 lhe foram favoráveis. Além de considerar a diversidade cultural patrimônio da humanidade, a Convenção declarou que a cultura deve ser resguardada das regras que regem o comércio internacional pela Organização Mundial do

Comércio (OMC); justamente por seu valor simbólico, a cultura deve ser protegida dos mecanismos exclusivistas do mercado.

Bastante interessante observar que, assim como a Constituição Brasileira de 1988 normatizou um conceito amplo de patrimônio cultural, a Convenção Internacional de 2005, implantada dois anos depois, em 2007, o fez para o conceito de diversidade, abrangendo os âmbitos materiais e imateriais:

> Diversidade cultural refere-se à multiplicidade de formas pelas quais as culturas dos grupos e sociedades encontram sua expressão. Tais expressões são transmitidas entre e dentro dos grupos e sociedades. A diversidade cultural se manifesta não apenas nas variadas formas pelas quais se expressa, se enriquece e se transmite o patrimônio cultural da humanidade mediante a variedade das expressões culturais, mas também através dos diversos modos de criação, produção, difusão, distribuição e fruição das expressões culturais, quaisquer que sejam os meios e tecnologias empregados. (Unesco..., 2005)

No Brasil, o PNC, construído coletivamente desde 2003, publicado pela primeira vez em 2007 e instituído por lei em 2010, acabou conveniente, nesse contexto, para a adequação da legislação e a institucionalidade da cultura brasileira à Convenção da Diversidade das Expressões Culturais. Com isso, o conceito de **diversidade cultural** pauta desde então as políticas públicas e também conecta comunidades diferentes, nacionais e internacionais, transformando-se na linguagem das ações e programas que promovem a cultura. A diversidade, por cumprir o papel protetor das pluralidades, torna a cultura acessível a todos, consolidando a cidadania ao fornecer instrumentos de participação e protagonismo na gestão das políticas públicas de todas as áreas.

No tocante ao patrimônio cultural, as modalidades de participação para a proteção e a preservação da memória são bastante concretas e acessíveis. Destacamos primeiro o conceito de **tombamento**:

Qualquer pessoa física ou jurídica poderá solicitar o tombamento de qualquer bem ao IPHAN [...]. Para ser tombado, o bem passa por um processo administrativo que analisa sua importância em âmbito nacional e, posteriormente, o bem é inscrito em um ou mais Livros do Tombo. Os bens tombados estão sujeitos à fiscalização realizada pelo Instituto para verificar suas condições de conservação, e qualquer intervenção nesses bens deve ser previamente autorizada.

Sob a tutela do IPHAN, os bens tombados se subdividem em bens móveis e imóveis [...]. O objetivo do tombamento de um bem cultural é impedir sua destruição ou mutilação, mantendo-o preservado para as gerações futuras. (IPHAN, 2016a)

Já na CF/1988 há a definição para **ação popular**, de acordo com Santiago (2016):

A ação popular está prevista ainda na Constituição de 1988, no inciso LXXIII do artigo 5º, onde sua definição é a de uma ação utilizada por qualquer cidadão que deseja anular ato lesivo ao patrimônio público ou de entidade que o Estado participe, cuidando ainda da moralidade administrativa, do meio ambiente e do patrimônio histórico e cultural, e caso seja comprovada a má-fé, este será isento das custas judiciais e do ônus da sucumbência.

Tal ação tem o objetivo claro de conceder ao cidadão a faculdade de ajuizar ação judicial com o objetivo de tutelar direito subjetivo tanto seu quanto de âmbito coletivo. Assim, esta serve para amparar instituições como o meio ambiente, o consumidor, bens e direitos de valor artístico, estético, histórico, turístico e paisagístico e qualquer outro interesse difuso ou coletivo e infração da ordem pública.

Por fim, a base do conceito de **ação civil pública** se dá na lei maior, a CF/1988, em seu art. 37, como explica Costa (2016):

A ação civil pública é o instrumento processual adequado conferido ao Ministério Público para o exercício do controle popular sobre os atos dos poderes públicos, exigindo tanto a reparação do dano causado ao patrimônio público por ato de improbidade, quanto a aplicação das sanções do artigo 37, § 4º, da Constituição Federal, previstas ao agente público, em decorrência de sua conduta irregular.

Finalizamos aqui a apresentação de alguns aspectos do PNC, que são, essencialmente, a diversidade como base e as pluralidades como instrumentos de consolidação da gestão coletiva da cultura.

Síntese

O conceito de educação patrimonial não pode ser isolado dos programas, ações e atitudes que envolvem, igualmente, a cultura e a formação educacional. Explicamos, ao longo deste capítulo, que cultura e educação são conceitos articulados e que, para serem efetivados, devem se manifestar não somente em ambientes formais, como a escola, mas também em ambientes externos difusos na sociedade. Tais noções precisam fazer parte da percepção social para, assim, garantir a preservação da memória coletiva e do exercício da cidadania. Relembramos os marcos da introdução da educação patrimonial no país, quando a ideia de patrimônio, em sua composição e função social, ampliava-se e alargava-se em direção à garantia dos direitos culturais universais e à diversidade cultural.

O reconhecimento dos bens culturais que representam os diversos grupos sociais e a valorização das simbologias das práticas culturais são aspectos que vêm rompendo com o elitismo impresso nos primórdios da legislação e da aplicação das normas de preservação e proteção cultural do patrimônio nacional. Para tanto, juntamente às transformações no campo da cultura e do acautelamento dos bens culturais, abarcando a dimensão imaterial, foram criados instrumentos que buscam a consolidação dessas mudanças, desde a metodologia de reconhecimento das referências culturais até o cumprimento de metas nacionais que visam proporcionar o acesso universal à cultura e à educação.

Atividades de autoavaliação

1. A proteção do patrimônio histórico e artístico é responsabilidade de quais entidades?

    a) Da União.
    b) De todas esferas do poder e da sociedade civil.
    c) Apenas da União e dos Estados.
    d) Da União e dos municípios.
    e) Do Distrito Federal.

2. A respeito dos instrumentos de preservação patrimonial no Brasil, assinale com V as afirmativas verdadeiras e com F as falsas:

    ( ) Os planos de salvaguarda são utilizados para reduzir as causas da degradação de um bem cultural.
    ( ) O inventário de bens culturais é realizado por meio de identificação, registro e tombamento.
    ( ) Tombamento é um instrumento legal utilizado pelo Poder Público para a preservação.
    ( ) O registro se aplica aos bens imóveis.
    ( ) O tombamento se aplica às tradições populares.

3. A Lei n. 4.124, de 2008, transformou o *funk* em patrimônio cultural imaterial do Rio de Janeiro. Qual é a razão desse reconhecimento jurídico?

    a) Defesa da música brasileira.
    b) Inclusão de grupos políticos periféricos.

c) Projeção de jovens intérpretes.
d) Valorização de manifestações populares.
e) Tombamento de um bem cultural.

4. Sobre patrimônio cultural é correto afirmar:

   a) Os sítios históricos são tombados pela beleza arquitetônica.
   b) Os rituais e as festas que marcam a vivência coletiva do trabalho, da religiosidade, do entretenimento, bem como de outras práticas da vida social, podem ser registrados como patrimônio cultural imaterial.
   c) As formas de expressão, como manifestações literárias, musicais, plásticas, cênicas e lúdicas não podem ser consideradas como patrimônio cultural imaterial.
   d) Os conhecimentos e modos de fazer enraizados no cotidiano das comunidades podem ser tombados como patrimônio imaterial por constituírem saberes dos povos.
   e) Os registros dos conjuntos urbanos são alvo de proteção da Unesco.

5. Na *Convenção para a Salvaguarda do Patrimônio Cultural Imaterial*, a Unesco definiu patrimônio cultural imaterial como "as práticas, representações, expressões, conhecimentos e técnicas – com os instrumentos, objetos, artefatos e lugares culturais que lhes são associados – que as comunidades, os grupos e, em alguns casos, os indivíduos reconhecem como parte integrante de seu patrimônio cultural." (Unesco, 2006, p. 4). Para atender às determinações legais e criar instrumentos adequados ao reconhecimento e à preservação de bens culturais imateriais, o IPHAN coordenou os estudos que resultaram na edição do Decreto n. 3.551, de 2000, que instituiu o Registro de Bens Culturais de Natureza Imaterial e criou o Programa Nacional do Patrimônio Imaterial (PNPI), bem como consolidou o INRC.

Com base nisso, **não** podem ser consideradas expressões do patrimônio imaterial:

a) as inscrições rupestres, os locais e outros vestígios de atividade de paleoameríndios.
b) os rituais e as festas que marcam a vivência coletiva de práticas da vida social.
c) as manifestações literárias, musicais, plásticas, cênicas e lúdicas.
d) os conhecimentos e modos de fazer enraizados no cotidiano das comunidades.
e) locais de práticas sociais, como feiras de artesanato.

Atividades de aprendizagem

Questões para reflexão

1. Leia o seguinte trecho da Declaração Universal sobre a Diversidade Cultural, publicada, em 2002, pela Unesco:

   > Toda criação tem suas origens nas tradições culturais, porém se desenvolve plenamente em contato com outras. Essa é a razão pela qual o patrimônio, em todas suas formas, deve ser preservado, valorizado e transmitido às gerações futuras como testemunho da experiência e das aspirações humanas, a fim de nutrir a criatividade em toda sua diversidade e estabelecer um verdadeiro diálogo entre as culturas. (Unesco, 2002, p. 4)

   Com base nesse trecho, defenda, em um texto de no mínimo 5 linhas, o significado da dimensão imaterial do patrimônio cultural de um país como o Brasil.

2. Em 2005, o Brasil teve um papel importante nas discussões na Unesco a respeito da elaboração da *Convenção sobre a Proteção e Promoção da Diversidade das Expressões Culturais*, marcando uma posição entre a presença excessiva do Estado nessa área e o afrouxamento liberal com a ausência do poder público para a regulamentação do assunto. A convenção era importante por extrapolar os limites da Declaração de 2002, uma vez que, para muitas nações, entre elas o Brasil, era necessário não somente o reconhecimento da diversidade cultural, mas também a formação de um corpo normativo de direitos e obrigações a ser seguido nas políticas públicas referentes à cultura e à produção cultural. Leia o artigo *O Ministério da Cultura e a Convenção sobre a diversidade cultural*, de Giuliana Kauark (Disponível em: <http://culturadigital.br/politicaculturalcasaderuibarbosa/files/2010/09/14-GIULIANA-KAUARK.1.pdf>. Acesso em: 18 out. 2016) e liste os principais pontos da participação ativa do Brasil na construção desse documento internacional da Unesco. Você também pode utilizar reportagens e outros materiais pesquisados na internet para aprimorar sua produção textual.

Atividade aplicada: prática

1. Selecione uma foto antiga de uma rua da sua cidade e a compare com as condições atuais do local. Para isso, realize observações no local, indicando todos os detalhes, relatando por escrito os seguintes itens:
   a) Quais construções existiam (públicas, privadas, religiosas etc.) e não existem mais?
   b) Quais eram os meios de transporte usados anteriormente?
   c) Como as pessoas se vestiam e como elas se vestem hoje?

Em seguida, entreviste um antigo morador desse local sobre a infância dele e descubra as vivências passadas dessa pessoa tendo tal rua como referência.

Escreva um texto com suas conclusões e o ilustre com as imagens antigas e a atual (de sua autoria).

Obs.: Para a elaboração de entrevistas orais, siga alguns procedimentos básicos:

- Agende com antecedência o dia e o horário, de preferência em local de fácil acesso para o entrevistado.
- Antes de iniciar, solicite que o entrevistado autorize por escrito ou em gravação de áudio o uso do conteúdo.
- Escute toda a entrevista após realizada para verificar se há alguma pendência que possa ser respondida em outra conversa, mais curta e objetiva.
- Apresente em forma de citação trechos da fala do entrevistado. Depois, indique a referência conforme o seguinte exemplo:

    MARCHETTE, T. D. **Tatiana Dantas Marchette**: depoimento [2016]. Entrevistador: Vidal Antonio Azevedo Costa. Curitiba, 2016.

- Sempre divulgue ao seu entrevistado o resultado da entrevista (data e local de publicação).

Para saber mais

GRUNBERG, E. **Manual de atividades práticas de educação patrimonial**. Brasília: IPHAN, 2007. Disponível em: <http://portal.IPHAN.gov.br/uploads/publicacao/EduPat_ManualAtividadesPraticas_m.pdf>. Acesso em: 18 out. 2016.

- Em 2007, o IPHAN publicou o *Manual de Atividades Práticas de Educação Patrimonial*, de autoria de Evelina Grunberg, a mesma autora do *Guia Básico de Educação Patrimonial*, de 1999. O manual é destinado à aplicação de atividades voltadas para todas as idades e em ambientes formais e não formais de ensino e aprendizagem. A proposta é assentada sobre a metodologia de educação patrimonial voltada a quatro etapas: observação, registro, exploração e apropriação. As ações fundamentadas nas sugestões que o manual apresenta são relativamente simples e podem ser empregadas em situações e locais diversos e grupos sociais variados.

   IBRAM – Instituto Brasileiro de Museus. **Guia dos Museus Brasileiros**. Brasília: IBRAM, 2011. Disponível em: <http://www.museus.gov.br/wp-content/uploads/2011/05/gmb_sul.pdf>. Acesso em: 18 out. 2016.

- O Instituto Brasileiro de Museus (Ibram) disponibiliza em sua página na internet o *Guia dos Museus Brasileiros*, o qual permite acessar informações básicas das instituições museológicas físicas e virtuais cadastradas no Ibram, como região, nome, endereço, situação, contatos, natureza administrativa, ano de criação, tipologia do acervo, horário de funcionamento e condições de acesso.

   IPHAN – Instituto do Patrimônio Histórico e Artístico Nacional. **Carta de Nova Olinda**. Documento final do I Seminário de Avaliação e Planejamento das Casas do Patrimônio. Nova Olinda, 2009. Disponível em: <http://portal.IPHAN.gov.br/uploads/ckfinder/arquivos/Carta_de_nova_olinda.pdf>. Acesso em: 18 out. 2016.

- Para saber os detalhes desse programa, acesse o portal do IPHAN e leia a Carta de Nova Olinda, que apresenta conceito, premissas, estratégias e recomendações para a Rede das Casas do Patrimônio.

3
Volta ao mundo em cartas e recomendações patrimoniais

Neste capítulo, analisaremos algumas cartas patrimoniais mundiais de preservação e conservação dos bens culturais que orientam a conduta dos profissionais dessa área e promovem a ampliação da noção de patrimônio entre os países signatários. Buscaremos analisar esses documentos em seus contextos de produção – de 1930 aos dias de hoje. Documentos de caráter indicativo, as cartas representam, cada vez mais, referências para o trato dos bens culturais no mundo. Por essa razão, é preciso conhecer mais detalhadamente tais documentos, com o objetivo de considerar com criticidade a relação entre essas orientações gerais e a política brasileira de proteção ao patrimônio cultural nacional. Esses termos internacionais fazem prescrições que devem ser reinterpretadas em cada país. Ainda, nos deteremos em documentos semelhantes, como as recomendações da Organização das Nações Unidas para a Educação, a Ciência e a Cultura (Unesco), produzidas em solo latino-americano, região em que o debate sobre a imaterialidade da cultura ganhou importância estratégica para o desenvolvimento regional.

◇◇ 3.1 Cartas de Atenas, 1931 e 1933

De acordo com o historiador Eric Hobsbawm (1917-2012), o século XX foi breve, tendo como marco inicial o ano de 1914[1] e, como término, o ano de 1991. Apesar de mais curto em relação à medida tradicional de 100 anos, esse período abrigou acontecimentos intensos, como os conflitos armados que afetaram grande parte das nações: da Primeira Guerra Mundial (1914-1918), seguida da revolução socialista (1917) – que mobilizou posicionamentos políticos a favor de uma sociedade mais justa –, até a desilusão do sonho socialista, em 1991,

---

1   Na tradição ocidental, o início de um novo século é sempre o primeiro ano imediatamente posterior ao com final em zeros, ou seja, cada século se inicia em 01 e termina em 00. Para Hobsbawm, todavia, há mais de uma combinação de critérios possível para se caracterizar um período da humanidade.

e a dissolução da União das Repúblicas Socialistas Soviéticas (URSS), mais conhecida como *União Soviética*.

> Não há como compreender o Breve Século 20 sem ela [a guerra mundial]. Ele foi marcado pela guerra. Viveu e pensou em termos de guerra mundial, mesmo quando os canhões se calavam e as bombas não explodiam. Sua história e, mais especificamente, a história de sua era inicial de colapso e catástrofe devem começar com a da guerra mundial de 31 anos. Para os que cresceram antes de 1914, o contraste foi tão impressionante que muitos – inclusive a geração dos pais deste historiador, ou pelo menos de seus membros centro-europeus – se recusaram a ver qualquer continuidade com o passado. "Paz" significava "antes de 1914": depois disso veio algo que não mais merecia esse nome. (Hobsbawm, 1995, p. 30)

Outra perspectiva, a da história da proteção do patrimônio cultural da humanidade, também considera 1914 o ano inaugural de um período marcante e, nesse caso, o ápice do patrimônio como instrumento da construção das nacionalidades ocidentais, tendo na hostilidade entre as nações algo que se tornaria comum na luta pela supremacia:

> A ênfase no patrimônio nacional atinge seu ápice no período que vai de 1914 a 1945, quando duas guerras mundiais eclodem sob o impulso dos nacionalismos. Alguns exemplos extremos mostram como mesmo os vestígios mais distantes, no tempo e no espaço, podiam ser lidos como parte da construção da nacionalidade. Assim, os italianos usavam os vestígios dos romanos para construírem uma identidade calcada nesse patrimônio, restaurado, glorificado, exaltado como exemplo do domínio do mundo pelos romanos e seus herdeiros, os italianos. [...] Na Alemanha nazista, da mesma maneira, usavam-se vestígios dos germanos, considerados antepassados dos alemães, encontrados em território de outros países, como a Polônia, para justificar reivindicações territoriais e invasões militares. (Funari; Pelegrini, 2006, p. 20-21)

Assim, ao mesmo tempo que as guerras eram deflagradas, a humanidade buscava preservar seus registros edificados, sua passagem pelo mundo, demonstrando capacidade criadora para esconder parcialmente a face aniquiladora da violência.

Figura 3.1 - Cenas da Primeira Guerra Mundial

Everett Collection/Shutterstock

Essa necessidade de manifestação do espírito humano provido de criatividade, do ponto de vista das normativas preservacionistas, concretizou-se no Ocidente, no período entre 1914 e 1945, no monumentalismo das obras de arte excepcionais. Esse pensamento ficou impresso nas cartas de Atenas de 1931 e de 1933 (analisamos a mais antiga delas no Capítulo 1).

Na Carta de Atenas de 1933, destaca-se o domínio de uma vertente do pensamento arquitetônico, qual seja a ligada ao movimento moderno:

> O Movimento Moderno na arquitetura foi desenvolvido pelas vanguardas artísticas, que também acompanhavam os movimentos socialistas utópicos. Aconteceu no período entre as duas guerras mundiais (1914-1945) na Rússia, Itália, França, Holanda, Alemanha, Finlândia, e também no Brasil. Esses movimentos propunham rupturas estéticas apresentadas em textos-manifestos e através de obras realizadas. Como linguagem da sociedade industrial rompeu com o modelo Beaux Arts baseado em conceitos clássicos de execução artesanal. Os cinco princípios de Le Corbusier resumem o movimento: estrutura independente (concreto armado ou aço); planta livre (divisão interna independente da estrutura); pilotis (térreo livre para integração com a natureza); utilização de laje de terraço jardim (ausência de telhados aparentes); e janelas em fita. No modernismo, a "forma segue a função", e as soluções apresentadas são "abstratas", sem adornos ou referências figurativas. (Gnoato, citado por Marchette; Costa, 2013, p. 17)

Nos países envolvidos pelo movimento moderno havia uma premente necessidade de modernização do espaço urbano, que se tornava cada vez mais adensado, impondo grandes desafios à qualidade de vida.

> Nessa confluência de problemas a serem superados, havia um conflito: de um lado, a convivência entre patrimônio histórico arquitetônico e a modernidade; de outro, a remodelação radical das cidades. No primeiro caso, integrava-se a concepção de continuidade histórica entre a cidade antiga e a nova, ao passo que, no segundo, predominava a concepção de monumento antigo isolado, ilhado, tendo ao seu redor a modernidade simétrica, regular e uniforme de uma paisagem urbana reformada. Para o movimento moderno, essa segunda postura era entendida como a saída para solucionar os problemas típicos das metrópoles, mediante a padronização e, por conseguinte, o barateamento das construções, a higienização das ruas e a domesticação da natureza.

No entanto, o que norteava o pensamento arquitetônico desse período era a forma funcional, como afirma o arquiteto e professor Salvador Gnoato na citação anterior. Com isso, projetos urbanistas modernos vinculados a políticas públicas transpuseram o poder da arquitetura para outras áreas da atividade humana, pressupondo que a resolução racional dos espaços poderia prescindir das tradições passadas, começando tudo "do zero": dos seres humanos às cidades.

A Carta de Atenas de 1933, por corresponder às resoluções do IV Congresso Internacional da Arquitetura Moderna (Ciam), preconizou os preceitos da funcionalidade na arquitetura e no urbanismo; se em 1931 a preocupação voltou-se objetivamente para as questões técnicas do restauro dos monumentos antigos, isolando-os do entorno, em 1933, essa separação entre bem cultural e dinâmica social se deu em nome da preponderância do urbanismo racional. Em prol do moderno, cujo bojo traria a salubridade e a racionalidade dos espaços urbanos, seriam demolidos conjuntos insalubres que por ventura existissem nos arredores do monumento a ser preservado, mesmo que fossem construções seculares. O traçado moderno das novas cidades teria primazia sobre antigos desenhos urbanos considerados não racionais, sendo que os de valor excepcional existentes deveriam ser deslocados para outro local, resguardados por um terreno verde ao redor caso prejudicasse o interesse coletivo, a qualidade de vida nas cidades. O urbanismo se sobrepôs ao preservacionismo, e o encontro de 1933 culminou na redação da Carta do Urbanismo.

Nessa perspectiva, seriam tarefas árduas as ações voltadas para a educação patrimonial, uma vez que a conscientização sobre a importância dos bens culturais seria abalada pela ideologia da modernidade. Todavia, as tradições estavam presentes e, especialmente na América Latina, essa convivência parecia ser mais possível do que nas metrópoles europeias. O modernismo brasileiro, do qual Mário de Andrade foi um dos principais mentores, é exemplo dessa coexistência entre tradição e modernidade. Mesmo assim, instalou-se um conflito, pois os "projetos modernos se apropriam dos bens simbólicos e das tradições populares" (Canclini, 2013, p. 159). Naquele momento, a noção de patrimônio veiculada pela Carta de Atenas de 1933 congelou-se na encarnação do monumento.

A convivência entre diferentes temporalidades históricas, especialmente nos países latino-americanos, continuou sendo um elemento cultural inerente ao incremento do desenvolvimento urbano das cidades nessa região, acentuado desde os anos 1920. Como e onde a política de proteção ao patrimônio cultural poderia ser aplicada? No Brasil, sabemos que, nos primórdios da tutela do Poder Público aos vestígios originais do passado, o período colonial foi eleito como o mais importante a ser preservado. Entretanto, novas construções que se apropriavam de estilos arquitetônicos antigos, como no **ecletismo**[2], foram desprezadas pela arquitetura moderna racionalista e funcional, e as políticas patrimoniais promoveram uma verdadeira limpeza nas cidades brasileiras que apresentavam em suas paisagens urbanas edifícios com essa característica. Compreendidas como simulacros do passado e sem originalidade, as produções do ecletismo foram destituídas em prol de uma postura que defendia a singularidade de cada época, ao passo que a construção moderna era caracterizada pelos conceitos de utilidade prática, funcionalidade e racionalidade, com a utilização de materiais modernos e a rejeição de ornamentos dispensáveis.

Retrospectivamente, a Carta de 1933 dialoga com os documentos internacionais imediatamente anteriores e posteriores a ela – a Carta de Atenas de 1931 e a Carta de Veneza de 1964, a qual comentaremos a seguir.

◇◇ 3.2 O espírito do passado na Carta de Veneza de 1964

Se, desde a constituição dos Estados-nações no Oitocentos e ao longo dos conflitos bélicos mundiais do século XX, os respectivos patrimônios nacionais foram instrumentos de soberanias, a partir do pós-guerra outros olhares voltaram-se à questão da preservação

---

[2] "O ecletismo foi a tendência arquitetônica predominante em várias cidades brasileiras na virada do século XIX para o século XX. Sua principal característica foi reconsiderar as regras de composição da arquitetura à luz de uma intenção decorativa, sem rigor e com mais liberdade. Assim, o eclético incorporou elementos góticos, renascentistas, barrocos, neoclássicos, românticos e de outros períodos formando um conjunto único e singular. [...] O período eclético, mais do que meras releituras de antigas e variadas escolas, foi a base, no Brasil, de novas concepções de morar e construir; e época quando os acadêmicos das Belas Artes e os primeiros modernistas travaram os primeiros embates". (Sutil, 2012, citado por Marchette; Costa, 2013, p. 16)

patrimonial. A essência dessa nova perspectiva era valorizar a história e os vestígios do passado em relação à modernização urbana, invertendo as diretrizes da Carta do Urbanismo e retomando a Carta de Atenas de 1931. A vasta e profunda destruição provocada durante as guerras mundiais, notadamente na segunda, evidenciou a necessidade de formular critérios que permitissem a análise dos lugares de memória para a compreensão da sua arquitetura e história, permitindo que outra metade do século XX se tornasse uma era de harmonização entre a tecnologia e a herança cultural do passado.

Reunidos em Veneza para a realização do II Congresso Internacional de Arquitetos e Técnicos de Monumentos Históricos, profissionais da conservação e da restauração de patrimônio debateram questões que envolviam a *contextualização histórica* de cada bem cultural, termo preconizado na Carta de 1964. Começava a fazer parte da tutela das políticas de proteção patrimonial a valorização de lugares considerados significativos para as comunidades e de conjuntos urbanos não monumentais, ou seja, locais de moradia da população comum (sítios urbanos e rurais), não se restringindo, portanto, aos locais importantes para os grupos sociais mais poderosos. O **significado cultural** passou a sobrepujar a forma estética e a funcionalidade dos espaços urbanos. A Carta de Veneza é o marco dessa reorientação, retomando as discussões sobre as técnicas de restauro e conservação iniciadas na Carta de Atenas de 1931. Sendo assim, existe um elo entre os documentos de 1931, os de 1964 e os atuais.

Se o Brasil daquele momento não apresentava avanços significativos na sua legislação de proteção do patrimônio cultural, a existência do Patrimônio Histórico e Artístico Nacional (IPHAN) e a vigência do Decreto-Lei n. 25 – Lei do Patrimônio Cultural, de 30 de novembro de 1937 (Brasil, 1937) –, garantiam ações preservacionistas no país. De qualquer modo, o país enviou um representante ao II Congresso Internacional de Arquitetos e Técnicos dos Monumentos Históricos, em Veneza. Wladimir Alves de Souza (1908-1994), professor catedrático da Faculdade Nacional de Arquitetura da Universidade do Brasil, participou do evento e foi responsável por apresentar em uma das sessões os procedimentos de restauração adotados pelos brasileiros na época. Sob o título "A restauração dos monumentos no Brasil", o discurso de Alves de Souza se referiu à atividades técnicas regidas pelo Decreto-Lei n. 25/1937 e de acordo com o regime constitucional de 1946. Lembremos que, no início da década de 1960, havia certo descompasso entre a lei que instituiu o tombamento, no Estado Novo, e a Constituição vigente (de 1946), que havia de certa maneira empobrecido o texto legal de 1937. No entanto, o IPHAN, após quase três décadas de atuação ininterrupta, havia acumulado vasta experiência na recuperação de bens culturais imóveis. E foram justamente essas experiências que o professor Wladimir expôs em sua apresentação em Veneza, citando obras de restauração da arquitetura barroca religiosa, civil e militar, bem como a recuperação das Ruínas Jesuíticas de São Miguel das Missões, no Rio Grande do Sul, exemplar do século XVIII.

As soluções vernáculas, como as adotadas no Brasil, encontraram outro contexto de operacionalização no pós-guerra. As décadas de 1950 e 1960 causaram profundas mudanças em estruturas universais em diversos âmbitos sociais:

1. na família, com a emancipação feminina;
2. na participação política, mediante as conquistas da reivindicação pelos direitos civis;
3. nos movimentos dos grupos sociais diversos, com a busca da igualdade.

Muitos países latino-americanos, no entanto, apesar de viverem sob regimes autoritários, nunca deixaram de resistir ao autoritarismo, dando continuidade às ações preservacionistas redimensionadas pelas orientações das novas cartas patrimoniais e de aparatos jurídicos universais como os advindos de organismos como a Unesco, para as áreas da cultura e da educação.

A preservação patrimonial assumiu uma dinâmica universal, abarcando países ocidentais e orientais. A Carta de Veneza, que contou com a participação de profissionais de diversas nações, dos blocos capitalista e socialista, em plena Guerra Fria, foi importante nesse sentido macro-histórico, pois serviu como documento-base para a fundação de uma organização internacional civil não governamental, em 1965. Essa organização tinha a missão de promover a conservação, a proteção, a utilização e a valorização de monumentos, conjuntos e sítios de todo o planeta. Ligada à Unesco, a organização, que recebeu a denominação *Conselho Internacional de Monumentos e Sítios* (Icomos), é uma entidade consultiva do Comitê do Patrimônio Mundial, sendo responsável pela proposição dos bens que recebem o título de **patrimônio da humanidade**. Fundado na Polônia e sediado em Paris, o Conselho é formado por uma rede de comitês nacionais[3] com países dos cinco continentes (mais de 110 países); é a concretização dos princípios estabelecidos por arquitetos, historiadores e demais especialistas responsáveis pela redação da Carta de Atenas e, ao longo dos 50 anos de existência, pela universalização das preocupações de preservação patrimonial voltadas ao conceito de **diversidade cultural**.

> A Carta de Veneza é um referencial para os procedimentos de restauração de bens culturais em todo o mundo e promove, juntamente a outras ações e entidades, a valorização do patrimônio cultural dos países, elevando seus níveis simbólicos e econômicos.

Vale ressaltarmos que, além das construções humanas, também o ambiente natural tornou-se alvo de proteção e passou a ser o

---

[3] O Comitê do Icomos no Brasil foi fundado em 1978, no Rio de Janeiro, e conta com conselhos culturais em diversas unidades federativas e municípios brasileiros.

portador dos mesmos valores atribuídos aos edifícios e sítios construídos. É importante lembrarmos que a Constituição de 1967 refletiu sobre tais preocupações, (re)inserindo no texto legal a proteção aos documentos, obras e locais de valor histórico e artístico, monumentos e paisagens, inclusive os sítios arqueológicos.

3.3 Recomendações de Paris

Além da Itália, a França, foi uma das principais nações participantes da redação da Carta de Veneza, em 1964. Isso se deve ao fato de essas duas nações terem sido as primeiras do continente europeu a se preocuparem com a elaboração de ordenamentos jurídicos próprios para a defesa do patrimônio cultural como instrumento político de soberania. Se retrocedermos na linha do tempo da história da preservação dos bens culturais, verificaremos que, antes do século XIX e desde o Renascimento, a proteção de monumentos do passado era iniciativa de autoridades religiosas e civis e não de uma política pública de Estado (Fonseca, 1997, p. 164).

A primeira nação europeia a cuidar dos monumentos do passado sob a perspectiva de política pública foi a França: os enciclopedistas[4] desejavam frear a demolição, executada pelos exércitos revolucionários, de edifícios que simbolizavam o Antigo Regime deposto pela Revolução Francesa (1789). No que se refere ao patrimônio, entre as muitas rupturas históricas que essa revolução suscitou está a ampliação dos limites para além dos muros e as fortificações da nobreza, passando a

---

4 O enciclopedismo foi um movimento intelectual que, na primeira metade do século XVIII, visou reunir o conhecimento universal com base na visão que defendia a liberdade individual e contrária ao absolutismo que reinava na França naquela época e à influência da Igreja sobre os destinos das pessoas e das nações. Os filósofos Denis Diderot e D'Alembert organizaram o trabalho, cujos verbetes foram escritos por outros pensadores da mesma convicção, e que fizeram parte do cerne do movimento iluminista. Os volumes da enciclopédia universal foram publicados entre os anos de 1755 e 1772.

adquirir conotações nacionais, de interesse coletivo. A valorização do patrimônio nacional foi se consolidando na França da primeira metade do século XIX, mediante a impressão de álbuns com imagens dos recônditos do território francês, a pintura bucólica do romantismo[5], bem como os livros de literatura repletos de ícones das ruínas do passado – em um período de afirmação do sentimento de pertencimento a uma nação. Foi nesse contexto de patriotismo burguês que o governo francês instituiu a Comissão de Monumento Histórico, com o objetivo premente de preservar as construções da Idade Média, principalmente igrejas e castelos como parte do passado francês comum.

Se escolhemos como guia para o estudo dos primórdios da política pública patrimonial no Brasil o poeta Mário de Andrade, para a análise da França do começo do século XVIII – cerca de 50 anos após a derrubada da monarquia por um movimento revolucionário burguês –, elegemos o escritor Victor Hugo (1802-1885) como o novo cicerone. Desde a eclosão da Revolução Francesa e ao longo de todo o século seguinte, o patrimônio foi utilizado como um recurso fundamental para a unificação geopolítica do Estado-nação e para a construção da sua respectiva identidade cultural. Os patrimônios nacionais então se constituíam, inclusive nos países latino-americanos,

---

5   "[...] menos que um estilo ou escola, o romantismo faz referência a uma visão de mundo mais ampla que se dissemina por toda a Europa, entre meados do século XVIII até fins do século XIX. [...]. O cerne da visão romântica do mundo é o sujeito, suas paixões e traços de personalidade, que comandam a criação artística. A imaginação, o sonho e a evasão – no tempo (na Idade Média gótica) e no espaço (nos lugares exóticos, no Oriente, nas Américas); os mitos do herói e da nação; o acento na religiosidade; a consciência histórica; o culto ao folclore e à cor local são traços destacados da produção romântica [...]. No Brasil, o romantismo tem raízes no movimento de independência de 1822 e reverbera pela produção artística de modo geral, assumindo contornos diversos nas diferentes artes e nos vários artistas. Na literatura, podem ser lembrados os nomes de Gonçalves de Magalhães (1811-1882), José de Alencar (1829-1877), Gonçalves Dias (1823-1864), Álvares de Azevedo (1831-1852) entre outros. Na música, os de Carlos Gomes (1836-1896), Elias Álvares Lobo e Alberto Nepomuceno (1864-1920)". (Enciclopédia Itaú Cultural, 2016b)

articulando de modo estreito os bens culturais excepcionais (obras de arte e grandes monumentos) aos interesses dos Estados (Rotman; Castells, 2007, p. 59).

Em 1832, Victor Hugo publicou um artigo na *Revue des deux Mondes* – revista mensal fundada no ano de 1829, em Paris, sendo uma das mais antigas da Europa ainda em circulação – sob o título "*Guerre aux démolisseurs*" (Guerra aos demolidores). Na verdade, o artigo fora escrito poucos anos antes e, então, foi republicado em virtude da reincidência dos casos de demolição França afora. No texto, o autor de *Os miseráveis* denunciou a demolição de monumentos do período anterior à Revolução Francesa, principalmente os da época medieval, os da "velha França", explicitando que tais ações seriam um meio de apagar os resquícios materiais do feudalismo, uma vez que a Revolução havia extinguido o modo de vida desse antigo sistema superado pelo capitalismo. Utilizando uma estrutura de carta, Victor Hugo faz essa denúncia indignada e relata o retorno de um senhor à sua terra natal depois de muitos anos; ao chegar ao local, o tal homem presencia o exato momento em que a torre feudal está prestes a ser demolida para dar espaço a um mercado municipal. À época, outras demolições por toda a França abriam terreno para depósitos de grãos ou alguma outra construção típica do regime capitalista e do seu progresso econômico. Ainda no artigo, o escritor francês explica que o único conselheiro favorável à manutenção da torre declarou ter sido acusado de oposicionista, não conseguindo mudar os rumos das decisões majoritárias. A unanimidade entre os conselheiros mostrava o interesse de acabar com os vestígios da "era da barbárie", referindo-se aos símbolos do feudalismo. Diante desse quadro, o autor da carta-manifesto defendeu como única saída a criação de uma lei que protegesse os monumentos nacionais de acordo com critérios de beleza arquitetônica, os quais representassem cada época histórica, mesmo as mais antigas, ainda que estivessem em propriedade particular. Neste último caso, haveria um mecanismo de indenização ao dono pelo poder público para que

Após a Segunda Guerra Mundial, já havia avanços quanto ao restauro dos bens culturais, não sendo essa ação meramente técnica, evitando-se a atitude de isolar tais bens dos seus respectivos entornos urbanos e das comunidades existentes num dado território.

o bem fosse preservado com função social de memória coletiva. Tudo isso era em nome do passado e do futuro da nação francesa, defendia o romancista, que enxergava em cada edifício dois aspectos: "seu uso e sua beleza. Seu uso pertence ao proprietário, sua beleza a todo mundo, a você, a mim, a nós todos. Assim, a destruição ultrapassou seu direito" (Hugo, 1832, p. 621, tradução nossa).

É interessante observar a defesa feita pelo escritor francês à necessidade de uma lei especial de proteção patrimonial que destacasse a materialidade das obras de arte de caráter excepcionais. Após a criação de uma estrutura nacional para a proteção desses bens, por meio da Comissão de 1837, e do surgimento, em 1913, de uma lei que protegia os monumentos antigos, essa postura francesa tornou-se um modelo para os demais países ocidentais até hoje, inclusive para o Brasil. Essa lei francesa ainda

> codificou uma prática de proteção do patrimônio e introduziu um padrão legislativo copiado pela maioria dos países europeus, estendendo-se, na atualidade, a todo o mundo. Essa prática e esse padrão baseiam-se, justamente, na permanência da forma e da matéria do bem que fizeram os valores nele investidos e, simultaneamente, permitem aferir sua autenticidade. (Sant'Anna, 2009, p. 51)

Segundo Sant'Anna (2009), foi somente após a Segunda Guerra Mundial que esse quadro começou a mudar, com a inserção da dimensão da imaterialidade das culturas, principalmente as populares, nas questões patrimoniais e com a diminuição da importância da excepcionalidade dos monumentos. E essa mudança ocorreu, inicialmente, de forma mais intensa nos países então designados como *do Terceiro Mundo*; isso porque portam tradições populares que não são mediadas por um monumento que as representam, mas sim por expressões, práticas e processos culturais. Na década de 1970, essa posição se aprofundou e buscou reconhecimento internacional como forma de fortalecer a proteção dessas práticas intangíveis. Mas tenhamos calma, pois é preciso relembrar alguns desses passos.

Como afirmamos anteriormente, após a Segunda Guerra Mundial, já havia avanços quanto ao restauro dos bens culturais, não sendo essa ação meramente técnica, evitando-se a atitude de isolar tais bens dos seus respectivos entornos urbanos e das comunidades existentes num dado território.

Nos anos 1970, esse viés consolidou-se graças a documentos internacionais que abarcaram a amplitude da ideia de **patrimônio cultural**, normatizando conceitos. Na sede da Unesco, em Paris, eram realizados diversos encontros, desde a década anterior, para tratar de aspectos universais do patrimônio cultural, entre eles as recomendações que abordaremos nas seções a seguir.

◇◇◇ 3.3.1 Recomendação de 1964

Originada na Conferência Geral da Unesco, na sua 13ª sessão, a Recomendação de 1964 define bens culturais:

> Para efeito desta recomendação, são considerados bens culturais os bens móveis e imóveis de grande importância para o patrimônio cultural de cada país, tais como as obras de arte e de arquitetura, os manuscritos, os livros e outros bens de interesse artístico, histórico ou arqueológico, os documentos etnológicos, os espécimens-tipo da flora e da fauna, as coleções científicas e as coleções importantes de livros e arquivos, incluídos os arquivos musicais. (Unesco, 1964, p. 2)

Após definir o conjunto dos bens culturais, a Recomendação da Unesco propõe atuações para a salvaguarda do patrimônio cultural mundial, entre elas uma que abrange ação educativa:

> No sentido de uma colaboração internacional que levasse em consideração tanto a natureza universal da cultura quanto a necessidade de intercâmbios para possibilitar a todos beneficiar-se do patrimônio cultural da humanidade, cada Estado-Membro deveria agir de modo a estimular e desenvolver entre seus cidadãos o interesse e o respeito pelo patrimônio cultural de todas as nações. Tal ação deveria ser empreendida pelos serviços competentes em cooperação com os serviços educativos, com a imprensa e com outros meios de informação e difusão, com organizações de juventude e de educação popular e com grupos e indivíduos ligados a atividades culturais. (Unesco, 1964, p. 5)

Quatro anos depois, uma nova recomendação reforçou o perfil da categoria de bens culturais, porém de modo restrito à dimensão da materialidade.

◇◇◇ 3.3.2 Recomendação de 1968

Também conhecida como *Recomendação Paris de Obras Públicas ou Privadas*, a Recomendação de 1968 foi produzida na 15ª sessão da Conferência Geral da Unesco. Ficou definido na ocasião que a expressão *bens culturais* se aplicaria a:

> a. Bens imóveis, como os sítios arqueológicos, históricos ou científicos, edificações ou outros elementos de valor histórico, científico, artístico ou arquitetônico, religiosos ou seculares, incluídos os conjuntos tradicionais, os bairros históricos das zonas urbanas e rurais e os vestígios de civilizações anteriores que possuam valor etnológico. Aplicar-se-á tanto aos imóveis do mesmo caráter que constituam ruínas ao nível do solo como aos vestígios arqueológicos ou históricos descobertos sob a

superfície da terra. A expressão bens culturais se estende também ao entorno desses bens.

b. Bens móveis de importância cultural, incluídos os que existem ou tenham sido encontrados dentro dos bens imóveis e os que estão enterrados e possam vir a ser descobertos em sítios arqueológicos ou históricos ou em quaisquer outros lugares. (Unesco, 1968, p. 3)

Essa recomendação ainda teve o mérito de incluir **ações educativas** como iniciativas para a salvaguarda do patrimônio cultural:

> Publicações especializadas, artigos na imprensa e programas de rádio e de televisão deveriam divulgar a natureza dos perigos que obras públicas ou privadas mal concebidas podem ocasionar aos bens culturais, assim como exemplos de casos em que bens culturais hajam sido eficazmente preservados os salvos.
>
> Estabelecimentos de ensino, associações históricas e culturais, órgãos públicos que se ocupam do desenvolvimento do turismo e associações de educação popular deveriam desenvolver programas destinados a tornar conhecidos os perigos que as obras públicas ou privadas realizadas sem a devida preparação podem ocasionar aos bens culturais e a enfatizar que as atividades destinadas a preservar os bens culturais contribuem para a compreensão internacional.
>
> Museus, instituições educativas ou outras organizações interessadas deveriam preparar exposições especiais para ilustrar os perigos que as obras públicas ou privadas não controladas representam para os bens culturais e as medidas que tenham sido adotadas para garantir a preservação ou o salvamento dos bens culturais ameaçados por essas obras. (Unesco, 1968, p. 10-11)

Dessa forma, no início dos anos 1970, houve avanços sobre o detalhamento referente ao que deve ser considerado bem cultural, mas esse conceito ainda estava limitado à ideia de materialidade.

◇◇◇ 3.3.3 Convenção sobre a Proteção do Patrimônio Mundial, Cultural e Natural, 1972

Nessa convenção, estabelecida em 1972, foram formuladas as seguintes definições:

- os monumentos: obras arquitetônicas, de escultura ou de pintura monumentais, elementos ou estruturas de natureza arqueológica, inscrições, cavernas e grupos de elementos que tenham um valor universal excepcional do ponto de vista da história, da arte ou da ciência;
- os conjuntos: grupos de construções isoladas ou reunidas que, em virtude de sua arquitetura, unidade ou integração na paisagem, tenha um valor excepcional do ponto de vista da história, da arte ou da ciência;
- os lugares notáveis: obras do homem ou obras conjugadas do homem e da natureza, bem como as zonas, inclusive lugares arqueológicos, que tenham valor universal excepcional do ponto de vista histórico, estético, etnológico ou antropológico. (Unesco, 1972, p. 2)

Ainda, no art. 2º da Convenção ficou estabelecido que seriam considerados patrimônio natural os seguintes locais:

Art. 2º – Para fins da presente convenção serão considerados como patrimônio natural:

- os monumentos naturais constituídos por formações físicas e biológicas ou por grupos de tais formações, que tenham valor universal excepcional do ponto de vista estético ou científico.
- as formações geológicas e fisiográficas e as áreas nitidamente delimitadas que constituam o habitat de espécies animais e vegetais ameaçadas e que tenham valor universal excepcional do ponto de vista estético ou científico.
- os lugares notáveis naturais ou as zonas naturais estritamente delimitadas, que tenham valor universal excepcional do ponto de vista da ciência, da conservação ou da beleza natural. (Unesco, 1972, p. 2-3)

Em síntese, essa recomendação definiu os bens culturais e naturais e demarcou o comprometimento dos Estados-Membros no que toca aos critérios de seleção atividades de preservação do patrimônio.

◇◇◇ 3.3.4 Recomendação Paris, 1989

Já a Recomendação Paris, dedicada à salvaguarda da cultura tradicional e popular, produzida em 1989, define:

> A cultura tradicional e popular é o conjunto de criações que emanam de uma comunidade cultural fundadas na tradição, expressas por um grupo ou por indivíduos e que reconhecidamente respondem a expectativas da comunidade enquanto expressão de sua identidade cultural e social; as normas e os valores se transmitem oralmente, por imitação ou de outras maneiras. Suas formas compreendem, entre outras, a língua, a literatura, a música, a dança, os jogos, a mitologia, os rituais, os costumes, o artesanato, a arquitetura e outras artes. (Unesco, 1989, p. 2)

Nessa recomendação passam a ser incorporados a imaterialidade, os traços da língua, as manifestações artísticas, os mitos e outros bens que representam uma cultura.

◇◇ 3.4 As culturas híbridas no continente americano

Em outras instâncias, há documentos que atuam em conjunto com as recomendações da Unesco, acrescentando orientações e experiências diversas. São textos elaborados por instituições variadas, desde governos nacionais até entidades organizadas da sociedade civil. Mencionaremos aqui, no entanto, aqueles produzidos em solo latino-americano, porque nessa região as preocupações estavam voltadas ao reconhecimento e à preservação da imaterialidade das culturas sob a perspectiva da articulação com o patrimônio material.

Já abordamos no Capítulo 1 os dois encontros de governadores acontecidos no Brasil em 1970 e 1971, os quais resultaram nos compromissos de Brasília e de Salvador, respectivamente. Naquela mesma década, o governo da República Dominicana, em parceria com a Organização dos Estados Americanos (OEA), organizou o I Seminário Interamericano sobre Experiências na Conservação e Restauração do Patrimônio Monumental dos Períodos Colonial e Republicano (1974).

Na República Dominicana, foram discutidos três planos (social, econômico e monumental) e algumas propostas operativas para o inventário dos bens culturais existentes no território latino-americano, considerando-se os monumentos da cultura popular local, a dinamização do turismo a partir deles e a valorização dos centros históricos como lugares de memória e de vida social. Para tanto, pleitearam-se mais recursos da OEA, a fim de fomentar o pleno desenvolvimento do projeto Patrimônio Cultural Histórico e Artístico; o projeto havia sido instituído pela organização, mas ainda tinha fundos suficientes para salvar os patrimônios das nações americanas do então chamado *Terceiro Mundo*, os quais não possuíam recursos financeiros para tal empreitada, correndo-se o risco de haver perdas irreparáveis. Além disso, era necessária a formação de mão de obra especializada em restauração, de modo que as orientações da Carta de Veneza (1964) fossem seguidas no que tangia à contextualização histórica e arqueológica dos bens culturais a serem recuperados e protegidos. Afinal, o social e o econômico não poderiam ficar alheios à política cultural de preservação patrimonial.

Anteriormente, no final dos anos 1960, em Quito, no Equador, o interesse turístico na exploração do acervo patrimonial das nações mais empobrecidas havia sido despertado, inserindo-se a iniciativa privada como agente importante para a recuperação de bens culturais ao fazer amplo uso deles; pousadas, hotéis e estações de visitação a sítios arqueológicos e outros equipamentos poderiam unir a valorização do patrimônio cultural – incluindo os relativos aos períodos colonial e pré-colonial – ao desenvolvimento social e econômico local.

Dez anos após a elaboração da Carta de Quito, em 1977, aconteceu o Encontro Internacional de Arquitetos, em Machu Picchu, no Peru, com o propósito de revisar a Carta de Atenas de 1933. Esse documento havia preconizado, como afirmamos, a racionalidade dos espaços urbanos, inclusive mediante a possibilidade de demolição de construções antigas que prejudicassem a salubridade dos ambientes citadinos. Mais de 40 anos haviam se passado, mas as cidades mundiais não haviam concretizado os ideais da racionalidade e da funcionalidade; pelo contrário, elas se aproximavam dos limites de impossibilidade de crescimento sustentável. O documento de 1977 deixou claros os obstáculos à cidade idealizada nos anos 1930:

> Desde a Carta de Atenas até nossos dias a população do mundo duplicou, dando lugar à chamada crise tripla: ecológica, energética e alimentícia. A elas temos que somar as crises de moradia e de serviços urbanos, agravadas pelo fato de o ritmo de crescimento populacional das cidades ser muito superior ao demográfico geral. As soluções urbanísticas propugnadas pela Carta de Atenas não levaram em conta esse crescimento acelerado, que constitui a raiz do problema de nossas cidades. (Carta de Machu Picchu, 1977, p. 2)

Figura 3.2 – Bruno Zevi, arquiteto e urbanista italiano, assina a Carta de Machu Picchu, em 1977

Entre as necessidades emergentes, destacavam-se a promoção da mobilidade urbana com o incentivo ao uso de transporte coletivo e a comunicação entre diversos setores urbanos de modo dinâmico, considerando-se a integração dos monumentos históricos no desenvolvimento urbano com o privilégio do uso social e dos interesses coletivos sobre o individual. Era o início de um processo que se desdobraria a partir dos anos 1980.

Em 1985, foi a vez de o Icomos refletir sobre essas profundas transformações em curso nas sociedades mundiais diante do agravamento das desigualdades. Era o momento de retomar os princípios das liberdades e dos direitos fundamentais instituídos logo após o fim da Segunda Guerra Mundial pela *Declaração Universal dos Direitos Humanos*, de 1948, com a cultura da paz. Ainda em 1985, no México, ocorreu a

Conferência Mundial sobre as Políticas Culturais, promovida pelo Conselho, tendo sido defendida a ideia de que a cultura é o meio estratégico para a aproximação entre os povos, pois foi compreendida, nesse evento, como o

> conjunto dos traços distintivos espirituais, materiais, intelectuais e afetivos que caracterizam uma sociedade e um grupo social. Ela engloba, além das artes e das letras, os modos de vida, os direitos fundamentais do ser humano, os sistemas de valores, as tradições e as crenças. [...] dá ao homem a capacidade de refletir sobre si mesmo. (Icomos, 1985, p. 1)

Não demorou muito para a cultura, na qualidade de eixo do desenvolvimento, ser adotada pela economia criativa; primeiro inseriu-se no campo dos estudos econômicos, já nos anos 1970; e, na década seguinte, foram definidos mais claramente seus componentes peculiares. O economista australiano David Throsby (2001), especialista em economia da cultura, afirma que as atividades nessa área devem apresentar criatividade em seus processos produtivos, bem como capacidade de gerar e compartilhar conteúdos simbólicos e potencial para promover a propriedade intelectual. O autor dá destaque ao primeiro deles, a **criatividade**, a qual se consolidou como elemento estratégico do planejamento econômico de nações avançadas industrialmente, como a Inglaterra, que passou a aplicá-la em produtos considerados tradicionais, como carros, por exemplo. No entanto, a criatividade não se dá plenamente sem a comunicação simbólica, fato que carrega consigo a dimensão identitária da cultura (Throsby, 2001).

Nas sociedades latino-americanas, o grande desafio é definir como preservar a **comunicação simbólica** entre os tão variados grupos sociais que convivem nas grandes cidades desse território diverso e desigual. Em grande parte, faz-se necessário superar o empobrecimento político das cidades, que perderam muito do seu potencial de palco de exercício da cidadania, desde a segunda metade do século XX.

Isso se deve, por um lado, à perda da força política da coletividade – que no Brasil foi retomada com as manifestações de rua de 2013 – e, por outro, ao crescimento da fragmentação dos grupos sociais urbanos em partes cada vez mais delimitadas de acordo com o gênero, a idade, a profissão etc. Dessa maneira, promover uma identidade baseada no patrimônio histórico torna-se um processo mais complexo. Segundo Canclini (2013), esse papel tem sido desempenhado pelos meios de comunicação de massa, como a televisão, principalmente, o que não permite a interação social e o pensamento mais crítico.

A missão de construir pontes para a manutenção da comunicação simbólica nas sociedades é bastante pertinente a entidades museológicas, uma vez que, desde a década 1960, os documentos internacionais aproximaram patrimônio e cultura, movimento que foi acompanhado localmente pelos países signatários. No Brasil, como comentamos, a educação patrimonial vem sendo aplicada nos museus e nas escolas. Cabe ressaltar que, apesar de esses equipamentos não pertencerem apenas às esferas do Poder Público, mas também às fundações privadas e empresas, há atualmente uma normatização que recai sobre todos eles, da mesma forma, com a instituição do *Estatuto de Museus e do Plano Setorial de Museus*.

Nas sociedades latino-americanas, o grande desafio é definir como preservar a **comunicação simbólica** entre os tão variados grupos sociais que convivem nas grandes cidades desse território diverso e desigual.

> O esforço é sempre o de permitir a fluidez da comunicação simbólica nos museus, locais onde as identidades diversas espalhadas pela sociedade pós-moderna fragmentada podem ser reunidas por intermédio de representações de objetos, troca de informações e participação ativa desses grupos sociais na dinâmica dos museus.

Quanto às cidades, seus respectivos planos reguladores (os planos diretores) são ferramentas eficientes na preservação patrimonial. Criado pelo Estatuto da Cidade (Lei n. 10.257, de 10 de julho de 2001 – Brasil, 2001) como instrumento básico da política de desenvolvimento urbano, o plano diretor deve se dedicar, também, conforme o art. 2º desse documento, à preservação da memória local, protegendo, preservando e recuperando o patrimônio cultural, histórico, artístico, paisagístico e arqueológico. Conforme Gaeta (2009), além da legislação específica para regulamentação de tombamento de bens culturais e constituição de conselhos de defesa do patrimônio cultural, as cidades devem aplicar planos diretores. Como já explicamos, o Estatuto da Cidade assegura a gestão democrática das políticas urbanas, com a organização de colegiados, debates, audiências públicas, conferências e iniciativa popular de projeto de lei.

A inserção de museus nas cidades e a releitura dos centros urbanos dentro das instituições museológicas têm o potencial de preservar os bens culturais para que atuem como referências culturais, mesmo nas metrópoles dominadas por massificação da cultura, sociabilidade virtual e outras facetas da pós-modernidade. Isso porque os museus podem usar as mesmas ferramentas, não para congelar tradições hegemônicas, mas para "desempenhar um papel significativo na democratização da cultura e na mudança do conceito de cultura" (Canclini, 2013, p. 169).

Síntese

As cartas patrimoniais são referências mundiais para que os signatários elaborem normatizações e legislações próprias que venham ao encontro dessas diretrizes universais, compreendendo que o patrimônio da humanidade é um bem comum. Na Europa, a Itália e a França foram os primeiros países a contarem com esse tipo de corpo legal, já no início do século XX, e muitas de suas orientações foram seguidas por outras nações da Europa e outros continentes. Com base no conceito de hibridação, do qual lançamos mão desde o primeiro capítulo deste livro, verificamos que os países dessa linhagem foram os principais responsáveis pela inserção da dimensão popular da cultura no debate internacional sobre a preservação patrimonial. A fim de proteger economicamente suas culturas híbridas, as nações latino-americanas foram se tornando protagonistas nas políticas patrimonialistas. No entanto, nossa lição final é a de que toda e qualquer cultura é resultado de misturas, e o que diferencia uma das outras é o poder de representatividade perante sua própria comunidade, nação e restante do mundo. Portanto, evidenciamos que a proteção dos bens culturais é um exercício de cidadania, por meio da garantia de acesso à cultura e à educação. Nesse fortalecimento de práticas democráticas, os museus são por excelência lugares onde podemos refletir sobre a memória, individual e coletiva, além de vivenciá-la e aplicá-la, sendo a educação patrimonial um instrumento dos mais estratégicos para alcançar esse feito.

Atividades de autoavaliação

1. Relacione as colunas:
    i) Carta de Atenas de 1931
    ii) Carta de Atenas de 1933
    ( ) Articulou suas orientações ao movimento moderno da arquitetura.
    ( ) Propagou como objetivo principal normas técnicas de restauro de monumentos antigos.
    ( ) Foi um produto da realização do IV Congresso Internacional da Arquitetura Moderna.

( ) Também ficou conhecida como *Carta do Urbanismo*.
( ) Foi retomada em seus princípios pela Carta de Veneza de 1964.
( ) Foi um produto da realização do I Congresso Internacional de Arquitetos e Técnicos em Monumentos.
( ) É o primeiro documento internacional de orientação à preservação e restauro de bens patrimoniais.
( ) Também é conhecida como *Carta de Restauro*.
( ) O princípio defendido é a funcionalidade da arquitetura e urbanismo.

2. A respeito da Carta de Veneza, de 1964, assinale V nas proposições verdadeiras e F nas falsas:

( ) Questionou a preponderância dos monumentos excepcionais na proteção dos patrimônios nacionais.
( ) Representou uma continuidade da valorização da perspectiva urbanística sobre a preservação do patrimônio cultural nas cidades.
( ) Introduziu uma visão mais ampla no conceito de patrimônio cultural, englobando os bens representativos, inclusive os rurais, de comunidades populares.
( ) O Brasil participou do II Congresso Internacional de Arquitetos e Técnicos dos Monumentos Históricos, do qual resultou a Carta de Veneza.
( ) O conteúdo da Carta de Veneza serviu como base para a criação do Icomos, em 1965.
( ) Somente os países do bloco capitalista participaram do II Congresso Internacional de Arquitetos e Técnicos dos Monumentos Históricos, do qual resultou a Carta de Veneza.

3. (ENEM, 2013 – Ciências Humanas e suas Tecnologias)

No dia 1º de julho de 2012, a cidade do Rio de Janeiro tornou-se a primeira do mundo a receber o título, atribuído pela Unesco, de Patrimônio Mundial como Paisagem Cultural. A candidatura, apresentada pelo Instituto do Patrimônio Histórico e Artístico Nacional (IPHAN), foi aprovada durante a 36ª Sessão do Comitê do Patrimônio Mundial. O presidente do IPHAN explicou que "a paisagem carioca é a imagem mais explícita do que podemos chamar de civilização brasileira, com sua originalidade, desafios, contradições e possibilidades". A partir de agora, os locais da cidade valorizados com o título da Unesco serão alvo de ações integradas visando à preservação da sua paisagem cultural. Disponível em: www.cultura.gov.br. Acesso em 7 mar. 2013 (adaptado).

O reconhecimento da paisagem em questão como patrimônio mundial deriva da

a) presença de um corpo artístico local.
b) imagem internacional da metrópole.
c) herança de prédios da ex-capital do brasil.
d) diversidade de culturas presentes na cidade.
e) relação sociedade-natureza de caráter singular.

4. Leia atentamente as frases, a seguir, a respeito do Estatuto da Cidade – Lei n. 10.257, de 10 de julho de 2001:

I) O Estatuto da Cidade estabelece normas de ordem pública e de interesse social que regulam o uso da propriedade urbana em prol do bem coletivo, da segurança e do bem-estar dos cidadãos, bem como do equilíbrio ambiental.

II) São diretrizes gerais da política urbana, entre outras, a integração e a complementaridade entre as atividades urbanas e rurais, tendo em vista o desenvolvimento socioeconômico do município e do território sob sua área de influência, bem como a adoção de padrões de produção e consumo de bens e serviços e de expansão urbana compatíveis com os limites da sustentabilidade ambiental, social e econômica do município e do território sob sua área de influência.

III) O plano diretor, aprovado por lei municipal e considerado o instrumento básico da política de desenvolvimento e expansão urbana, pode fixar áreas nas quais o direito de construir pode ser exercido acima do coeficiente de aproveitamento básico adotado, que é a relação entre a área edificável e a área do terreno, ficando os beneficiários isentos de contrapartida.

IV) O direito de preempção, que confere ao Poder Público Municipal preferência para aquisição de imóvel urbano objeto de alienação onerosa entre particulares, pode ser exercido para fins de implantação de equipamentos urbanos e comunitários, criação de espaços públicos de lazer e áreas verdes, criação de unidades de conservação ou proteção e outras áreas de interesse ambiental, bem como para a proteção de áreas de interesse histórico, cultural ou paisagístico.

Estão corretas:

a) As afirmativas I, II e III.
b) As afirmativas I e II.
c) As afirmativas I e III.
d) As afirmativas I, II e IV.
e) Todas as afirmativas.

5. O Estatuto da Cidade encontra respaldo legal nos instrumentos nele previstos, os quais visam garantir a gestão democrática da cidade. Dentre esses instrumentos destacam-se:

I) debates, audiências e consultas públicas.
II) conferências sobre assuntos de interesse urbano, nos níveis nacional, estadual e municipal.
III) iniciativas populares de projetos de lei e de planos, programas e projetos de desenvolvimento urbano.

Está(ão) correta(s) a(s) afirmativa(s):

a) II.
b) III.
c) II e III.
d) I e III.
e) I, II e III.

Atividades de aprendizagem

Questões para reflexão

1. Leia o trecho a seguir, de autoria do pesquisador argentino Néstor Canclini, e em seguida responda às questões propostas:

> Os monumentos apresentam a coleção de heróis, cenas e objetos fundadores. São colocados numa praça, num território público que não é de ninguém em particular, mas de "todos", de um conjunto social claramente delimitado, os que habitam o bairro, a cidade ou a nação. O território da praça ou do museu torna-se cerimonial pelo fato de conter os símbolos da identidade, objetos e lembranças dos melhores heróis e batalhas, algo que já não existe, mas que é resguardado porque alude à origem e à essência. Ali se conserva o modelo de identidade [...]. Por isso, as coleções patrimoniais são necessárias, as comemorações renovam a solidariedade afetiva, os monumentos e museus se justificam como lugares onde se reproduz o sentido que encontramos ao viver juntos. (Canclini, 2013, p. 191)

Com base na leitura realizada, descreva dois conceitos que embasam as ideias principais: hibridação e território, escrevendo um pequeno texto sobre eles. Desenvolva um estudo de caso com um exemplo concreto que deixe suas ideias mais claras, selecionando um bem cultural que resuma a reflexão, identificando a imagem e a fonte de onde foi extraída.

Atividade aplicada: prática

1. Selecione um bem cultural que você considera de interesse de inventário e registro de patrimônio imaterial. Em seguida, elabore uma ficha de identificação com as informações que justifiquem o registro desse bem cultural selecionado.

    Você pode utilizar o seguinte *checklist* com os itens necessários para sua pesquisa:

    - Nome do bem cultural.
    - Território: município; bairro; distrito; localidade.
    - Tipo (de acordo com os livros de registro do patrimônio imaterial).
    - Ocorrência: período/local.
    - Comunidade envolvida.
    - Condição atual: vigente/risco de desaparecimento/memória.
    - Descrição do bem com processos do conhecimento e da produção, e detalhamento dados coletados.
    - Bens culturais imateriais e imóveis relacionados.
    - Indicação das medidas de salvaguarda existentes.
    - Referências de fontes e bibliografia utilizadas para a coleta.

Para saber mais

BOTTALLO, M.; PIFFER, M.; VON POSER, P. **Patrimônio da Humanidade no Brasil**: suas riquezas culturais e naturais. Brasília: Unesco; Editora Brasileira de Arte e Cultura, 2004. Disponível em: <http://unesdoc.unesco.org/images/0023/002333/233395m.pdf>. Acesso em: 20 out. 2016.

- Esse livro, publicado pela Unesco, contempla os sítios brasileiros inscritos na lista do patrimônio mundial, contendo fotos e ilustrações.

4

O patrimônio cultural e os cinco sentidos

Neste capítulo, analisaremos algumas experiências nacionais e internacionais de acessibilidade física e cultural que têm como meta garantir o direito universal de acesso aos lugares de memória. Como as cidades abrigam a maciça maioria dessas instituições que contam e representam histórias e memórias, elas continuam sendo objeto deste estudo, agora como espaços onde se inter-relacionam **cultura** e **educação**. Alguns programas terão destaque, como o PAC Cidades Históricas. Por fim, comentaremos as ações públicas e as organizações sociais dedicadas à acessibilidade e mobilidade urbanas.

◇◇ 4.1 O patrimônio cultural no Programa Monumenta e no PAC Cidades Históricas

A fruição do patrimônio cultural presente nas cidades brasileiras, grandes e pequenas, foi, em grande parte, permitida por programas instituídos no Brasil a partir dos anos 1990. Após a "década perdida", a de 1980, marcada pela grave crise pela qual o país passou, foi possível a retomada de ideias, projetos e programas de ação e normas legais que envolveram patrimônio e cidadania. No início do século XXI, o Programa Monumenta, implantado no ano de 1999, e o PAC Cidades Históricas, criado 10 anos depois, são exemplos dessa retomada. Examinemos cada um desses programas em detalhes para analisarmos os impactos que causaram na memória, nas cidades e na cidadania.

◇◇◇ **4.1.1 Monumenta: o público e o privado**

Em 1995 chegou ao Brasil a internet, que transformou a vida dos habitantes de todo o planeta. Nesse mesmo ano, o Ministério da Cultura (MinC) e o Banco Interamericano de Desenvolvimento (BID) iniciaram as conversações para a implantação de um programa de preservação do patrimônio cultural brasileiro, com destaque para as intervenções nos sítios e conjuntos urbanos.

Era o começo do Programa Monumenta, que contava com o financiamento do BID e o apoio técnico da Organização das Nações Unidas para a Educação, a Ciência e a Cultura (Unesco), tendo como objetivo ultrapassar a política patrimonialista vigente, considerada retrógrada pelos envolvidos no programa. Portanto, reverberavam ainda na década de 1990 as críticas que desde os anos 1970 recaíam sobre o Instituto do Patrimônio Histórico e Artístico Nacional (IPHAN), e o distanciamento dessa instituição em relação à sociedade ao ter promovido a preservação da tradição branca, católica e colonial, deixando de lado a diversidade cultural nacional. Na verdade, explicitamos no Capítulo 1, que havia uma preocupação em resguardar o patrimônio cultural dos diversos grupos sociais que compõem o país na missão do IPHAN desde os anos 1960, período em que o Brasil mudou radicalmente seu perfil populacional, e os centros históricos passaram a conflitar com o crescimento urbano e a modernização econômica. Entretanto, também afirmamos que o Programa de Cidades Históricas (PCH), que teve como objetivo potencializar economicamente o uso do patrimônio cultural na dinâmica urbana, não alcançou os resultados esperados nesse sentido.

Em meados da década de 1990, a explosão da internet foi acompanhada, no Brasil, da presença maciça do setor privado em todas as áreas, mesmo nas consideradas estratégicas para o país, por meio de privatizações. Lembremos, nesse ponto, que muitos dos bens culturais tombados, principalmente os edificados, eram propriedades privadas. Aliás, um dos aspectos mais interessantes do Decreto-Lei n. 25, de 30 de novembro de 1937 (Brasil, 1937), foi o poder de intervenção do Estado para transformar um imóvel privado em um bem de função social por meio do tombamento. Porém, segundo os responsáveis pelo Programa Monumenta, ao tomar para si essa atribuição, o Estado não conseguiu cumprir seus objetivos, o que resultou no abandono e na degradação do patrimônio cultural nacional. Como consequência dessa realidade, atribuiu-se ao IPHAN um papel secundário no Monumenta, restando ao órgão máximo da preservação dos nossos bens culturais a intervenção técnica nas atividades de recuperação e restauro e a fiscalização das obras dos bens selecionados, não atuando na condição intrínseca à sua existência de agente de construção de uma política patrimonial renovada.

O Monumenta, contando com apoio da iniciativa privada, portanto, ao mesmo tempo que estampava o IPHAN como ultrapassado em seu conceito de patrimônio, promoveu um movimento de mudança, atuando também com o objetivo de conquistar uma política patrimonial que contemplasse o exercício da cidadania. Novamente, no entanto, devemos relembrar que, desde duas décadas antes da implantação do Programa Monumenta, vinham ocorrendo muitas iniciativas para a modernização da atuação do Instituto (como a criação da Fundação Nacional Pró-Memória) e para a renovação do conceito de patrimônio com a ampliação dos tombamentos[1] e acautelamentos. A defesa da falência instrumental do IPHAN pelos técnicos

---

1 "O tombamento é o instrumento de reconhecimento e proteção do patrimônio cultural mais conhecido, e pode ser feito pela administração federal, estadual e municipal. Em âmbito federal, o tombamento foi instituído pelo **Decreto-Lei n. 25, de 30 de novembro de 1937**, o primeiro instrumento legal de proteção do Patrimônio Cultural Brasileiro e o primeiro das Américas, e cujos preceitos fundamentais se mantêm atuais e em uso até os nossos dias". (IPHAN, 2016a, grifo do original)

do Monumenta desencadeou dois movimentos contraditórios: 1) a diversidade dos bens culturais a serem preservados, incluindo sítios e conjuntos urbanos com a presença de afrodescendentes, imigrantes e indígenas; e 2) o afastamento do Estado da esfera de ação da proteção patrimonialista.

Quando o século XXI já despontava, os desdobramentos do Programa Monumenta noticiavam diversos conflitos entre os municípios selecionados para ganhar o investimento na recuperação dos seus respectivos patrimônios. Esses problemas se sobrepuseram aos resultados concretos, somando-se a isso o conflito gerado com o IPHAN. A mudança do governo federal em 2003, com a assunção do Presidente Luiz Inácio Lula da Silva, devolveu ao IPHAN o leme da política de proteção do patrimônio cultural e a coordenação do Programa Monumenta, o qual foi articulado a outros ministérios com o objetivo primordial de promover o desenvolvimento integral dos municípios, retomando a importância da elaboração e execução dos planos diretores:

> Em 2005, o Programa alcança um novo patamar, ao passar a lidar com a promoção de ações de preservação sustentada. Por meio de edital, são escolhidos 77 projetos de desenvolvimento de atividades econômicas, de qualificação profissional em restauro e conservação e de criação de núcleos de educação profissional em 46 cidades históricas brasileiras. Nesse momento, as dimensões materiais e imateriais do patrimônio são trabalhadas conjuntamente, na perspectiva de que possam também contribuir para a garantia da sustentabilidade socioeconômica dos locais onde o programa atua. A recuperação dos edifícios e áreas urbanas, assim como a valorização das celebrações, formas de expressão, saberes e fazeres e lugares, mediadas pela capacitação e qualificação profissionais, passam a fazer parte do cotidiano das comunidades de forma diferente, pelo fato de que, agora, além de caracterizarem a cultura de uma cidade ou região, essas expressões são também instrumentos para a melhoria do seu nível de qualidade de vida. (Duarte Júnior, 2010, p. 77)

O Programa Monumenta inseriu-se no quadro estruturante da política patrimonial, capitaneada pela presidência do IPHAN, que assumiu a coordenação nacional do programa a partir de 2006. Nesse momento, adentraram no Monumenta os programas educativos, com a capacitação de mão de obra local especializada em restauro, turismo e demais atividades de promoção econômica e social.

> Apesar de ter mantido o apoio da iniciativa privada, além das ações conjuntas entre as esferas de governo, o Monumenta alcançou outro patamar ao ganhar um viés social, embora tenha enfrentado grandes dificuldades na relação com esses parceiros, tanto os da esfera privada como os das municipalidades. Isso significa que ainda há um desafio enorme pela frente na inserção efetiva da preservação patrimonial, tanto no campo econômico quanto nas comunidades locais, as quais majoritariamente se localizam à margem das decisões voltadas à seleção e à proteção dos bens que lhes promovam sentimento identitário.

Nesse sentido, a educação é o elemento fundamental para a mudança do quadro. Antes desse tema, entretanto, analisaremos a origem, os objetivos, os resultados e os desdobramentos do Programa de Aceleração do Crescimento das Cidades Históricas.

◇◇◇ 4.1.2 PAC Cidades Históricas

O Programa de Aceleração do Crescimento (PAC) é um plano estratégico do governo federal do Brasil cujo objetivo é a retomada do desenvolvimento após um período de crise econômica mundial na esteira dos anos de 1990, bem como para a sustentabilidade da infraestrutura nacional em outra onda crítica, de 2008-2009. O PAC é composto por ações estratégicas para as áreas social e urbana, logística e energética, abrigando diversos projetos. Lançado em outubro de 2009, o PAC Cidades Históricas é uma ação voltada para a infraestrutura social e urbana de municípios que contam com conjuntos ou sítios protegidos pela legislação federal e cidades com bens imateriais registrados como Patrimônio Cultural do Brasil. O município, para participar do programa, deve elaborar, em conjunto com o estado e o IPHAN, um plano de ação de desenvolvimento integrado – de acordo com as orientações do Sistema Nacional do Patrimônio Cultural – fundamentado no pacto entre os órgãos governamentais envolvidos e a sociedade. Para tanto, as partes assinam Acordos de Preservação do Patrimônio Cultural (APPC), com o objetivo de realizar obras de revitalização de edificações, adequação urbanística voltada à mobilidade, inventário de patrimônio cultural imaterial, enterramento de cabos da rede elétrica para a preservação da paisagem construída, entre outras ações. Estas visam a um alcance de longo prazo, articulando a defesa do patrimônio brasileiro ao desenvolvimento econômico e social sustentável, a fim de promover maior qualidade de vida aos habitantes das cidades beneficiadas.

Especificamente para o IPHAN, que retomou o protagonismo da proteção e da preservação das cidades históricas mediante a coordenação do Monumenta, o PAC Cidades Históricas é a consolidação desse programa anterior, nascido nos anos 1990. O Monumenta atingiu 26 municípios brasileiros, ao passo que o PAC tem ações espalhadas em 44 cidades do país. As questões patrimoniais, temos observado desde que comentamos a instituição do tombamento no Brasil, com o Decreto n. 25/1937, devem fazer prevalecer em seu âmago o interesse social e coletivo acima do interesse privado.

> Mas, a partir desse princípio jurídico e social, quais são os ganhos para as cidades históricas selecionadas pelo PAC?

Devemos retroceder um pouco e buscar as explicações para essa preocupação em um contexto mundial, quando ao conceito de preservação patrimonial foram incorporadas questões maiores, relativas à vida nos ambientes urbanos. Em 1972, impulsionada pela Convenção para a Proteção do Patrimônio Mundial, Cultural e Natural, a Unesco e seus Estados-membros, atualmente 190 países, selecionam sítios construídos e naturais como representantes da humanidade, articulando a defesa dos ambientes naturais e dos bens culturais. "A Convenção [1972] funciona como uma ferramenta eficaz para o monitoramento da mudança climática, da urbanização acelerada, do turismo em massa, do desenvolvimento socioeconômico e dos desastres naturais, além de outros desafios contemporâneos" (Unesco, 2016).

O Brasil, como Estado-membro da Unesco e signatário da Convenção de 1972 desde o ano de 1977, vem trabalhando para alcançar esse objetivo graças à colaboração entre todas as esferas governamentais e a sociedade civil. Atualmente, o país tem 11 sítios culturais, 7 sítios naturais e 1 paisagem cultural (a da cidade do Rio de Janeiro) constantes da Lista do Patrimônio Mundial da Unesco. Entre os primeiros – que podem ser monumentos, grupos de edifícios ou sítios portadores de valores histórico, estético, arqueológico, científico, etnológico ou antropológico –, 6 são centros históricos, como os das cidades de: Ouro Preto e Diamantina, em Minas Gerais; Olinda, em Pernambuco; Salvador, na Bahia; Goiás no Estado de Goiás; e São Luís, no Maranhão. Esses 7 centros históricos reconhecidos como patrimônios culturais mundiais e outras 37 cidades, as quais apresentam algum tipo de acautelamento, distribuídas

A cidade era e é palco privilegiado dessas experiências tecnológicas e sensoriais. Temporalidades diferentes passaram a conviver mais de perto, despertando trocas, mas também gerando conflitos, principalmente nas fronteiras entre os espaços públicos e a privacidade, até mesmo com a seleção dos seus respectivos elementos simbólicos que identificariam o pertencimento a esse mundo em que o tempo parece acelerado.

em 20 estados da federação brasileira, recebem investimentos do PAC Cidades Históricas[2]. Diversas ações estão previstas pelo programa, dependendo do município, enquadradas nas seguintes categorias: museus, instituições de ensino, igrejas históricas, patrimônio ferroviário, equipamentos culturais, fortes e fortalezas. Tais centros históricos, formados desde a ocupação europeia, têm a sua principal configuração, todavia, consolidada no período entre o final do século XIX e o início do século XX, com o crescimento dos ambientes urbanos e a diversidade étnica, o que fez aumentar a complexidade das relações sociais em um emaranhado de sentidos econômicos e simbólicos.

Como mencionado no Capítulo 1, já nos anos 1920 e 1930, as cidades forneceram para Mário de Andrade (1893-1945) a matéria para a elaboração do seu discurso literário, como evidenciando na sua obra *Pauliceia desvairada*, publicada em 1922, na qual o escritor expõe, em versos, os choques entre a tradição e a modernidade em uma cidade que rapidamente se transformava em metrópole. Victor Hugo (1802-1885) também vivenciou essa transformação no final XIX, quando o tempo parecia acelerar tudo. O escritor francês, ao viajar de trem pela França, anotou suas impressões sobre essa sensação:

> As flores ao longo da ferrovia não são mais flores, mas manchas, ou melhor, fachos de vermelho ou branco; não há mais pontos, tudo se converte em traços. Os campos de trigo são grandes cabeleiras loiras desgrenhadas... As cidades, as torres das igrejas e as árvores desempenham uma dança louca em que se fundem no horizonte. (Hugo, citado por Sevcenko, 1998, p. 516)

O cinema, a fotografia, os meios de comunicação – primeiro o rádio, e depois a televisão – e, mais tarde, as viagens de avião mudaram a percepção sobre o tempo e impactaram fortemente as linguagens artísticas, entre elas a literatura.

---

2 Você pode saber quais são as 44 cidades participantes no portal do IPHAN, disponível em: <http://portal.IPHAN.gov.br>. Acesso em: 10 out. 2016.

A cidade era e é palco privilegiado dessas experiências tecnológicas e sensoriais. Temporalidades diferentes passaram a conviver mais de perto, despertando trocas, mas também gerando conflitos, principalmente nas fronteiras entre os espaços públicos e a privacidade, até mesmo com a seleção dos seus respectivos elementos simbólicos que identificariam o pertencimento a esse mundo em que o tempo parece acelerado.

Entre as décadas de 1950 e 1980, o Brasil parecia estar prestes a atingir o nível mais alto de uma sociedade civilizada. As cidades cresceram intensamente nesse período e a tecnologia havia se incorporado ao cotidiano, sendo o desejo de grupo social o acesso universal aos bens e serviços proporcionados pelo capitalismo global. Nesse período surgiram os primeiros pactos internacionais para a defesa do patrimônio mundial, o que favoreceu a transformação das cidades em objeto fundamental de proteção, planejamento e preservação, uma vez que tudo isso aconteceu em meio a alterações radicais nos hábitat construídos e naturais.

Na perspectiva do PAC Cidades Históricas, ao desenvolver ações referentes ao patrimônio cultural nacional, deve-se considerar a busca ininterrupta pela melhoria da qualidade de vida das populações nas cidades e pela preservação patrimonial acompanhada de atitudes cidadãs. Uma dessas atitudes, que garante o exercício da cidadania no espaço público e é objeto de análise deste nosso último capítulo, é a **acessibilidade**. Como proporcionar a todos, sem exceção, o usufruto do patrimônio recuperado nas cidades? Como oferecer visitas a museus, igrejas históricas e demais bens incluídos nas categorias do PAC Cidades Históricas sem que sejam criados grupos de **excluídos**, não somente pelas dificuldades ainda presentes na distribuição de renda no Brasil, mas também por dificuldades cognitivas e físicas?

[...] As pessoas deficientes têm o direito inerente de respeito por sua dignidade humana. As pessoas deficientes, qualquer que seja a origem, natureza e gravidade de suas deficiências, têm os mesmos direitos fundamentais que seus concidadãos da mesma idade, o que implica, antes de tudo, o direito de desfrutar de uma vida decente, tão normal e plena quanto possível. (ONU, 1975, p. 1)

A política patrimonial brasileira, centrada no IPHAN, vem debatendo a problemática da acessibilidade em conjunto com as questões de mobilidade urbana, há alguns anos, tendo-a inserido no conteúdo da capacitação do PAC Cidades Históricas. Conforme o Censo do IBGE de 2022, o Brasil possui 18,6 milhões de pessoas com deficiência, num total de 203 milhões de habitantes. O planejamento urbano deve oferecer mobilidade e esta deve estar intimamente ligada à acessibilidade e à preservação de áreas de interesse cultural, proporcionando não somente o deslocamento para os centros históricos, mas também a permanência e a fruição das pessoas com deficiência nesses locais de patrimônio. De um lado, o aparato legal sobre acessibilidade física e, de outro, a legislação que define os direitos da pessoa com deficiência: na fruição patrimonial, esses dois campos de direitos devem dialogar com ações destinadas à **inclusão universal**.

No tocante à acessibilidade física e em obediência aos dispositivos constitucionais – arts. 215 e 244 da Constituição Federal de 1988 (CF/1988 – Brasil, 1988), a legislação que garante o acesso universal aos prédios públicos (Decreto n. 5.296, de 2 de dezembro de 2004 – Brasil, 2004) veio tanto para consolidar os direitos básicos de atendimento prioritário (PCDs, idosos, gestantes, lactantes e pessoas acompanhadas por crianças de colo/Lei n. 10.048, de 8 de novembro de 2000 – Brasil, 2000b), quanto para regulamentar as normas e critérios para promover a acessibilidade de pessoas com deficiência e mobilidade reduzida (Lei da Acessibilidade, Lei n. 10.098, de 19 de dezembro de 2000 – Brasil, 2000c). O alvo aqui é o acesso físico aos edifícios públicos, ou que são alugados para prestarem serviços dessa natureza, e demais de uso coletivo. Entretanto, a diversidade humana não se resume ao universo da legalidade e requer ofertas além da mobilidade urbana, como para a fruição, o consumo e a produção de ideia para e das pessoas com deficiência. Examinemos, então, algumas experiências, a fim de compreendermos melhor os avanços na área da acessibilidade cultural e os desafios que ainda precisam ser vencidos.

◇◇ 4.2 Experiências sensoriais: o que é acessibilidade?

Em dezembro de 2006, a Assembleia Geral da Organização das Nações Unidas (ONU) homologou – em homenagem ao 58º aniversário da Declaração Universal dos Direitos Humanos, de 1948 –, a Convenção sobre os Direitos das Pessoas com Deficiência, que entrou em vigor em 2008, exatamente quando se completavam seis décadas do documento internacional pós-guerra. O objetivo era garantir os direitos universais às PCDs. O Brasil, regido por uma Constituição Federal marcada pela garantia dos direitos universais, é signatário da Convenção desde 2007, tendo-a ratificado no ano seguinte, quando já existia um conjunto legal nacional voltado para as pessoas com deficiência desde a Lei n. 7.853, de 24 de outubro de 1989 (Brasil, 1989), a qual, na onda democrática pós-88, estabeleceu normas gerais para assegurar o pleno exercício dos direitos sociais e individuais desse universo social.

É do texto da Convenção sobre os Direitos das Pessoas com Deficiência, realizada em 2007 pela ONU, o conceito de acessibilidade aqui adotado e registrado no Decreto n. 6.949, de 25 de agosto de 2009 (Brasil, 2009):

Artigo 9

1. Afim de possibilitar às pessoas com deficiência viver de forma independente e participar plenamente de todos os aspectos da vida, os Estados Partes tomarão as medidas apropriadas para assegurar às pessoas com deficiência o acesso, em igualdade de oportunidades com as demais pessoas, ao meio físico, ao transporte, à informação e comunicação, inclusive aos sistemas e tecnologias da informação e comunicação, bem como a outros serviços e instalações abertos ao público ou de uso público, tanto na zona urbana como na rural.

Promover estratégias para que as PCDs tenham acesso ao cenário cultural é consolidar o direito universal à cultura e à educação. No mesmo ano em que o Brasil se tornou signatário da Convenção da ONU, o tema da acessibilidade também passou a ser alvo do Plano Nacional de Cultura (PNC), cuja elaboração teve início, justamente, em 2007. A Meta n. 29 do PNC pretende garantir que, até 2020, as PCDs possam ter 100% de acesso aos lugares de memória e seus acervos, em virtude da adaptação dos espaços físicos e da oferta de bens e atividades em formatos acessíveis. Essa meta vem sendo medida pelo número de bibliotecas, museus, cinemas, teatros, arquivos públicos e centros culturais que atendem aos requisitos legais nesses dois aspectos mencionados. Para os museus, de acordo com Shimosakai (2013), em 2014, 55% das instituições museológicas cadastradas no sistema museal desenvolveram alguma ação de acessibilidade; e, conforme a Diretoria do Livro, Leitura, Literatura e Bibliotecas, naquele mesmo ano, 7% das bibliotecas públicas já atendiam aos requisitos legais de acessibilidade. Para as demais entidades – centros de memória, cinemas, teatros e arquivos públicos – ainda não existem dados que permitam aferir o desempenho delas nessa área.

Na tipologia das instituições que permitem uma quantificação, ou seja, museus e bibliotecas públicas, a Meta n. 34 do PNC objetiva proporcionar melhorias em suas instalações, equipamentos e acervos, com a execução das atividades como:

- a realização de atividades de acesso aos acervos e incentivo à leitura;
- a divulgação de informações de forma democrática e acessível;
- o incentivo ao interesse pelas artes e ciências;
- o estímulo à integração da biblioteca com outras linguagens culturais;
- a contribuição para a inclusão digital da população;
- a valorização, o registro e a difusão da tradição cultural da comunidade; e
- a garantia de acessibilidade para pessoas com deficiência. (Brasil, 2016)

Até 2021, 37% das bibliotecas públicas foram modernizadas, ao passo que apenas 8% dos museus conseguiram aplicar alguma das atividades anteriormente prescritas (Brasil, 2016). Tais metas vêm sendo estimuladas pelo fortalecimento do Sistema Nacional de Cultura, que repassa a estados e municípios verbas públicas para o desenvolvimento de projetos estruturantes, como a criação de sistemas de cultura próprios a essas esferas do poder (conselhos de cultura, legislação patrimonial etc.). Além disso, outras ações conjuntas são possibilitadas, por meio de editais, prêmios e outras ações convocatórias.

Iniciativas de entidades privadas e de organizações sociais, pesquisas acadêmicas e acordos internacionais também fazem parte desse cenário, ao qual a ampliação e a universalização dos direitos culturais impõem um ritmo irreversível, demandando a implementação de políticas públicas, a conscientização social ante pessoas com deficiência e a cultura da paz. Para o objeto principal da nossa análise, a educação patrimonial, essa ampliação de direitos se associa a outra, a do conceito de patrimônio, liberando este da rigidez dos edifícios e monumentos de pedra e cal e valorizando, ao lado deles, toda e qualquer manifestação cultural. Essa configuração atual reúne as perspectivas econômica, simbólica e política; a esta última devem estar relacionadas as ações públicas e privadas dedicadas à cultura e à educação. A acessibilidade cultural, nesse sentido, deve ser entendida como um vetor de emancipação, do mesmo modo que a liberdade, a igualdade e a justiça social.

Para tais conquistas culturais, o marco brasileiro continua sendo a Constituição Federal de 1988, porque esta legitima a defesa dos direitos das minorias, retomada com a elaboração do PNC, em 2007. Com isso, ganha espaço o universo da diversidade cultural, sendo a acessibilidade uma dentre as várias e obrigatórias atitudes cidadãs. Inicialmente, como afirmamos há pouco, a acessibilidade restringia-se ao acesso físico aos espaços culturais. Atualmente, porém, a acessibilidade cultural é entendida como uma postura ética, ou seja, não somente envolve a mobilidade, mas também a inclusão. O caminho para alcançar esse propósito é árduo:

> Apesar do ganho simbólico em colocar as questões de acesso como prerrogativa da garantia dos direitos culturais, os programas e ações de governo que evocam a acessibilidade cultural tratam mais comumente de mobilidade urbana, acesso à informação e ampliação da frequentação. Ora, tais temáticas são importantes, mas tangenciam a discussão sobre o potencial ético do reconhecimento social das experiências culturais de pessoas cegas (ou com visão reduzida), surdas (ou com perda auditiva), cadeirantes (ou com mobilidade comprometida), com deficiência mental etc. Como exemplos disso, pode-se citar: o relatório do I Fórum do Patrimônio Cultural, onde a palavra acessibilidade aparece uma única vez e refere se à adequação do entorno do patrimônio edificado (IPHAN, 2009, p. 53), e a Declaração de Salvador redigida e acordada durante o I Encontro Ibero-Americano de Museus, na qual a palavra acessibilidade aparece rapidamente no item 5 do Preâmbulo e sem nenhuma linha de ação específica. A mais próxima, de número 7, refere-se ao aumento da circulação de exposições a fim de "ampliar o acesso aos bens culturais dos museus ibero-americanos" (Carta de Salvador, 2007, p. 6). (Graeff; Fernandes; Closs, 2013, p. 127)

A CF/1988 nasceu em um contexto nacional e internacional que prestava cada vez mais atenção aos movimentos sociais das pessoas com deficiência em luta pelos seus direitos. Em 1981, a ONU instituiu o Ano Internacional das Pessoas Deficientes; e a década de 1980 tornou-se cenário das primeiras legislações e normatizações brasileiras que, por sua vez, embasam as metas do PNC, especificamente a n. 29. Graeff, Fernandes e Closs (2013) alertam, todavia, que nas metas do PNC, apesar dos grandes avanços, ainda não existe espaço para que sejam incorporadas as experiências culturais próprias das PCDs. Com isso, os pesquisadores sugerem que o universo da acessibilidade cultural seja, em si, uma das visões de mundo possíveis entre tantas quantas possam haver, em decorrência da diversidade cultural. Este seria um processo de transformação cultural a ser estimulado para que a cidadania fosse realmente um exercício completo e universal. O exemplo da Língua Brasileira de Sinais (Libras)[3] talvez torne mais compreensível essa proposta "revolucionária":

> Assim, ao lado dos demais bens e serviços culturais disponíveis nos locais de visitação, a presença física de tecnologias assistidas, de rampas e de sinalização sonora acabaria se impondo como uma outra forma de convocar o olhar, a sensibilidade e a reflexão em espaços e equipamentos culturais. (Graeff; Fernandes; Closs, 2013, p. 135)

Apresentamos agora algumas experiências de acessibilidade cultural para explicitar a proposta dessa transformação cultural. Comecemos pela cidade de São Paulo, uma vez que esse município dispõe do *Guia de Acessibilidade Cultural*. Elaborado por uma organização social sem fins lucrativos, o Guia é dividido em categorias, as mesmas classificadas na Meta n. 29 do PNC, quais sejam: museus, bibliotecas, teatros, centros culturais, cinemas e casas de espetáculo.

---

[3] Trata-se de uma língua reconhecida na década de 1960 com *status* linguístico. Assim como as demais línguas, a Libras é dinâmica, tem variações regionais e seu próprio dicionário.

Na categoria **museus** é interessante o caso do Museu de Zoologia da Universidade de São Paulo, uma instituição museológica com vocação ao atendimento educativo, que concilia o acesso universal à cultura e à educação. Além de dispor de adaptação do ingresso físico, com entrada diferenciada para cadeirantes, banheiro adaptado e rotas de acesso às salas expositivas, o acervo está disposto em altura acessível. Com isso, a instituição oferece acessibilidade física e intelectual aos seus visitantes e, ainda, visual, com o fornecimento de informativos em braile, audiodescrição, maquetes e imagens táteis e guias-videntes mediadores. Na oficina sensitiva de manipulação, os visitantes com deficiência visual são convidados a manipular objetos e maquetes enquanto falam o que vivenciam, com o objetivo de aprenderem conceitos de zoologia. Aproximar a PCD do conhecimento por meio de equipamentos apropriados amplia as chances do aprendizado.

A capital paulista apresenta atualmente um grande número de produções e equipamentos culturais acessíveis. Há, ainda, serviços de acessibilidade cultural na Pinacoteca do Estado, como o videoguia, acompanhados de intérpretes de Libras; no Museu do Futebol, conta não somente com adaptações do espaço físico, mas também com atividades lúdico-pedagógicas e jogos para pessoas com deficiência cognitiva; em diversos outros museus paulistas está sendo implantada ao menos a acessibilidade física, mas há também muitos avanços, como materiais multissensoriais à disposição e roteiros adequados.

Na cidade do Rio de Janeiro, podemos destacar o Museu Histórico Nacional. Em 2005, essa instituição recebeu o certificado *Acessibilidade Nota 10*, emitido pela Comissão da Defesa da Pessoa Portadora de Deficiência, da Assembleia Legislativa do Rio de Janeiro. Foi o primeiro museu brasileiro a oferecer guia multimídia com linguagem em Libras. O museu, dez anos depois dessa certificação, ainda era o único a oferecer acessibilidade universal.

Outro destaque no Rio de Janeiro no que se refere à acessibilidade museal é o Museu do Amanhã, inaugurado em dezembro de 2015 no Pier Mauá, na Baía de Guanabara. Nele, tudo é integrado. O projeto arquitetônico do espanhol Santiago Calatrava tem caráter ecológico, sustentável e acessível.

Sendo assim, além de ofertar acessibilidade física e cultural, o museu está abrigado em um prédio considerado "verde", o qual aproveita a energia do sol e recicla a água da baía para o sistema de refrigeração.

4.3 Patrimônio cultural, inclusão social e educação patrimonial

Uma das maneiras de impulsionar a educação patrimonial é dar visibilidade aos sítios culturais, naturais e mistos. O conjunto do patrimônio mundial da Unesco existente no território brasileiro é muito abrangente com relação aos períodos históricos: há pinturas rupestres e edifícios da arquitetura moderna. O IPHAN, em parceria com a Unesco, com o objetivo de facilitar o acesso e a interpretação dessa vasta gama de sítios históricos, elaborou um guia com orientações técnicas para a sinalização do patrimônio mundial no Brasil. São padronizações de elementos gráficos e estruturais que visam, sobretudo, fortalecer a rede patrimonial do país, articulando os sítios entre si, estimulando sua visitação e auxiliando na interpretação dos conteúdos.

A cidade mineira de Tiradentes é uma das pioneiras na sinalização interpretativa do patrimônio. Em 2001, a "instalação de painéis e placas com texto e ilustração das atrações turísticas, tendo o cuidado de se escolher sinalizações que combinassem a interpretação com as informações indicativas [...]" (Albano, 2002, citado por Pires; Alvares, 2004, p. 10) atraiu moradores, visitantes e turistas para a cidade mineira a fim de desfrutar do conjunto patrimonial formado por edificações e natureza locais, valorizando-as conforme seus atrativos especiais.

A importância da sinalização interpretativa dos lugares de memória se alia à educação patrimonial de forma geral e específica.

> A **acessibilidade** deve ser pensada em termos universais, proporcionando a todos o acesso aos bens culturais: pessoas com deficiência, crianças, idosos, visitantes estrangeiros, população local com diferentes níveis de aprendizado. Em síntese, qualquer indivíduo ou grupo devem ter condições de interpretar o que um determinado sítio histórico significa para a história local e para a sua memória em particular. Especificamente, a sinalização interpretativa valoriza os profissionais envolvidos diretamente com a preservação, a proteção e a divulgação do conjunto patrimonial.

No Brasil, as regras de sinalização, além daquelas prescritas pela Unesco, podem ser estabelecidas pelos poderes locais (estados e municípios) com base no princípio da interação entre os bens culturais e a comunidade (local e de visitantes), desde que aprovada pelos órgãos patrimoniais respectivos. Faz parte do universo dessas regras aquelas que abarcam a diversidade, incluindo aí a acessibilidade. Em 2012, a publicação *Cadernos Museológicos* teve um volume dedicado ao tema acessibilidade a museus. O assunto é alvo de legislação específica, a Lei n. 11.904, de 14 de janeiro de 2009 (Brasil, 2009b), que instituiu o Estatuto de Museus, referindo à acessibilidade nos arts. 29, 31, 35 e 42. Além do acesso físico, motor e sensorial aos museus, há o cognitivo, que está intimamente ligado às práticas da educação patrimonial. Após a conquista do direito à cultura e da legislação que a garante, bem como a que normatiza o acesso físico aos espaços de memória, há que se consolidar uma prática, a da frequência aos museus mediante a universalidade do acesso:

A questão da acessibilidade, quando tratada de modo amplo, extrapolando os aspectos físicos e espaciais, faz parte dos problemas estruturais das sociedades capitalistas contemporâneas. Tomar posse de determinados códigos, ocupá-los como quem ocupa um território, lutar pela manutenção da ocupação e pela hegemonia de novos códigos constituem procedimentos estratégicos importantes para os grupos sociais interessados na acessibilidade radical [...]. (Cohen; Duarte; Brasileiro, 2012, p. IX)

Somente tendo a acessibilidade como objetivo a ser alcançado em todas as práticas cotidianas – nesse caso, dos museus – é que haverá uma verdadeira democratização. Em outros termos, após a derrubada dos obstáculos materiais que impediam que as pessoas com deficiência pudessem adentrar e desfrutar dos conteúdos museológicos, ainda se faz necessária a demolição das barreiras imateriais. Para tanto é preciso eliminar as dificuldades de aprendizado, estimular a crítica à representatividade dos objetos museológicos e garantir a participação dessas pessoas e das comunidades populares nos museus.

Nos *Cadernos Museológicos* há orientações completas a respeito da implementação da acessibilidade a museus (desenho universal, rota acessível etc.); devemos destacar, no entanto, que aqui estamos falando do conceito de patrimônio, entendido como um bem "destinado ao usufruto de uma comunidade" (Choay, 2001). Quando falamos em promover acesso às pessoas com deficiência aos espaços de memória, queremos reforçar o convívio com a diversidade social. Daí a importância fundamental dos museus nas sociedades, pois são lugares onde todos podem exercer o **poder simbólico**. E foi justamente nessas instituições que nasceram a prática e o conceito de **educação patrimonial**, apropriadas logo em seguida por instituições culturais de outras naturezas.

A seguir, chegando ao final da jornada que aqui percorremos, analisaremos alguns laços entre essas instituições e a dimensão educativa.

◇◇ 4.4 Educação inclusiva

Certamente você já presenciou ou soube de casos de exclusão sofridos pelas PCDs quanto ao acesso à educação formal. De fato, isso aconteceu por muito tempo. Crianças consideradas "não normais" tinham destino certo: instituições fechadas ou lares que as escondiam e as isolavam, privando-as de autonomia.

Estigma é um termo que define bem a situação enfrentada pelas pessoas com deficiências ao longo da história. Empregada pelo sociólogo norte-americano Erving Goffman para explicar os mecanismos pelos quais as sociedades classificam as diferenças entre as pessoas, *estigma* é uma palavra de origem grega usada para se referir aos sinais corporais de algumas pessoas; a intenção era identificá-las por algo que, por representar uma ameaça ou perigo, deveria ser apartado do convívio social. Esse significado associado à ideia de segregação foi mantido até a atualidade. O indivíduo estigmatizado perdia sua individualidade e passava a ser marcado pelo "mal" que trazia consigo, ao mesmo tempo que o considerado normal se afirmava por essa distinção (Goffman, 1993). **Estigma** e **exclusão**, assim, mantiveram estreita relação por longo período e negaram oportunidades para incontável número de seres humanos.

Diversos eram os espaços que negavam o acesso para aqueles que carregavam um estigma, e a escola era um deles. Foi no início dos anos 1960 que, no Brasil, a Lei de Diretrizes e Bases da Educação Nacional (LDBEN) – Lei n. 4.024, de 20 de dezembro de 1961 (Brasil, 1961), incluiu no sistema de educação as PCDs referidas no texto legal como *excepcionais*. Outras duas iniciativas governamentais foram decisivas para o avanço na seara da inclusão social: em 1986, o Poder Executivo criou um órgão nacional para representar e fortalecer a luta das pessoas com deficiência e seus direitos, a Coordenadoria Nacional para Integração da Pessoa Portadora de Deficiência (Corde); e, em 1989, na esfera legislativa aconteceu, a primeira conquista estruturante da Corde, qual seja, a aprovação da Lei n. 7.853/1989, que estabeleceu a Política Nacional de Integração da Pessoa Portadora de Deficiência. É importante observar que a palavra de ordem era, então, *integração*, e não *inclusão*.

Alguns estudiosos do tema explicam que a diferença entre as duas abordagens, **integração** e **inclusão**, é importante. Nos anos 1980, a luta das PCDs havia alcançado o patamar da visibilidade, porém em um mundo não adaptado a elas; elas é que precisavam se ajustar ao mundo que lhes era oferecido. E isso em uma realidade em que a pobreza fazia parte da vida de milhões de brasileiros, com alto índice de portadores de deficiência fora do mercado de trabalho; daí a problematização dos direitos dessas pessoas na perspectiva da desigualdade social (Costa, 2014).

Atualmente, as normas relativas às PCDs compõem a Lei Brasileira da Inclusão – Lei n. 13.146, de 6 de julho de 2015 (Brasil, 2015), conhecida também como *Estatuto da Pessoa com Deficiência*, sancionada pela Presidência da República. Nessa Lei, está o auxílio-inclusão, pago às pessoas com deficiência de grau moderado ou grave que entrarem no mercado de trabalho, confirmando o desafio de afastar a pobreza e a exclusão do cotidiano dessas pessoas.

Neste ponto podemos fazer uma inflexão com base em alguns conceitos trabalhados até aqui, antes de adentrarmos no tema da *educação inclusiva* proposto para esta seção final. O sentimento de pertencimento despertado pelo acervo patrimonial eleito e protegido pelas diversas sociedades somente pode ser edificado mediante o **fazer cultural**. Além de ofertar oportunidades de trabalho e educação, é necessário incluir a PCD na produção e na fruição de ideias e bens culturais a fim de permitir que ela realmente faça parte dessa sociedade.

Os museus servem perfeitamente a essa função; para ilustrar essa rápida reflexão e compreender melhor o sentido da cultura como instrumento de história e memória coletivas, recorremos às ideias de Canclini novamente. Uma das principais funções das instituições museológicas, para esse autor, é a capacidade que elas têm de "construir uma relação de continuidade hierarquizada com os antecedentes da própria sociedade" (Canclini, 2013, p. 141). Em outras palavras, seu papel é organizar os períodos históricos de modo simultâneo, abrigando os objetos respectivos de cada era em um único espaço físico, dividido por salas ou seções. Essa organização permite que cada um estabeleça suas relações com o passado, trazendo-o para o presente e dando sentido a ele. Todo e qualquer cidadão deve ter acesso a essa dimensão simbólica da sua identidade, inclusive os que apresentam limitações cognitivas ou aqueles que não podem enxergar, ouvir, falar ou andar.

Se formos um pouco mais adiante nessa reflexão, podemos considerar a política de inclusão como elemento imprescindível para aquela **revolução cultural** mencionada na seção anterior, quando os pesquisadores defendem que o universo da acessibilidade seja ele próprio uma visão de mundo ao lado de tantas outras. Nos museus, a PCD também deve estar retratada nas imagens e cenários históricos desde os mais antigos até o mais recente.

Assim como vem sendo discutido no Brasil o papel da mulher, do negro e de outros grupos sociais expostos à exclusão por tantos anos, por intermédio da produção cultural que contempla histórias diversificadas de gênero e raça, a PCD também deve fazer parte desse circuito cultural de elaboração de ideias e produção de narrativas próprias.

O historiador Nicolau Sevcenko, ao participar do evento *Acesso em Reverso – Seminário Internacional sobre Cultura e Acessibilidade*, ocorrido na cidade de São Paulo, em 2009, deixou bem clara a necessidade de essa revolução cultural constituir uma nova maneira de vermos a realidade. Para o citado estudioso, como professor universitário, as escolas e as instituições de ensino superior deveriam ser locais estratégicos para se pensar essa transformação:

> "pensar não em termos de uma homogeneização da sociedade, mas de grupos e de contextos particulares. Incorporar essas heterotopias (conceito desenvolvido por Michel Foucault; espaço do outro, onde ficam aqueles que são excluídos pela sociedade), essa heterogeneidade, que são riquezas do nosso meio cultural" para haver não apenas uma mudança curricular, mas uma mudança na sensibilidade desses profissionais, possibilitando "uma nova percepção da realidade". (Costa, 2014, p. 25-26)

Quando os museus brasileiros se voltaram para uma função educativa mais consciente e planejada, desde os anos 1950[4], as escolas adentraram esse debate mais como fornecedoras de público visitante do que propriamente agentes participativos das instituições museológicas. Esse quadro mudaria justamente com a introdução, no Brasil, do conceito de educação patrimonial. Ao longo da década de 1980, esse conceito também foi incorporado à gestão do patrimônio brasileiro via IPHAN, que tornou obrigatórios os programas de educação patrimonial nos projetos de escavação arqueológica. No início do século XXI, ainda, a valorização do patrimônio imaterial aprofundou as ações educativas patrimoniais, aproximando-a das experiências inerentes aos grupos sociais excluídos. Atualmente, não somente museus, aplicam a educação patrimonial, mas também os sítios arqueológicos, as escolas (por exemplo, Programa Mais Educação) e arquivos públicos (detentores do patrimônio documental brasileiro). A educação patrimonial efetivamente passou a fazer parte da Política Nacional do Patrimônio Cultural, lembrando que nesse momento o conceito de patrimônio havia sido ampliado para além dos bens imóveis.

---

4   Nessa época, surgiram importantes publicações abordando a relação entre museu e educação, tais como *Recursos educativos dos museus brasileiros*, de Guy de Hollanda; *Museu e educação*, de Florisvaldo dos Santos Trigueiros; e *Museu ideal*, de Regina Monteiro Real.

> Nesse contexto mais estruturado, com órgãos e políticas públicas responsáveis pela proteção patrimonial no país, qual é o papel da educação formal?

No Capítulo 2, analisamos o Programa Mais Educação, que atua na educação básica com a finalidade de proporcionar discussões sobre patrimônio cultural no espaço da escola, envolvendo a comunidade, por intermédio da confecção dos inventários de referência cultural. Já os Parâmetros Curriculares Nacionais para o Ensino Médio (PCNEM) abrangem, desde o final da década de 1990, o trabalho com as abordagens sobre a formação da **memória nacional**, por meio de debates em sala de aula a respeito dos significados de festas, dos monumentos, museus e arquivos, inclusive com a utilização da visitação a esses espaços de memória. Na formação de professores, os currículos dos cursos diretamente relacionados à memória, como os de História, colocam no centro do debate as funções exercidas por instituições como museus e arquivos. Também há ações do IPHAN em parcerias com outros ministérios, que buscam estratégias para aproximar as políticas patrimoniais das atividades desenvolvidas nas universidades brasileiras. É exemplo dessa ferramenta o Programa de Extensão Universitária (ProExt), que objetiva dar apoio às instituições públicas de ensino superior, como universidades públicas, institutos federais, centros de educação tecnológica e universidades comunitárias, em ações de extensão universitária que contribuam para a implementação de políticas públicas, com especial enfoque na linha temática de preservação do patrimônio cultural.

Devemos observar, enfim, que a educação patrimonial não está confinada somente nos museus, apesar da grande importância das instituições museológicas, mas sim disseminada no âmbito da gestão das diversas tipologias de bens patrimoniais, desde o arqueológico até o documental, passando pelo imaterial e os bens naturais. Isso significa retornar à definição conceitual de patrimônio, como documento, algo construído e nas relações sociais; significa nos reencontrarmos, ao final da nossa jornada, com os ideais de Mário de Andrade.

> **Descobrimento**
>
> Abancado à escrivaninha em São Paulo
> Na minha casa da rua Lopes Chaves
> De supetão senti um friúme por dentro.
> Fiquei trêmulo, muito comovido
> Com o livro palerma olhando pra mim.
> Não vê que me lembrei que lá no Norte, meu Deus!
> muito longe de mim
>
> Na escuridão ativa da noite que caiu
> Um homem pálido magro de cabelo escorrendo nos olhos,
> Depois de fazer uma pele com a borracha do dia,
> Faz pouco se deitou, está dormindo.
> Esse homem é brasileiro que nem eu.

Fonte: Andrade, 2013, p. 167.

Com ele, iniciamos esta viagem e é em sua companhia que nos despedimos dela.

Síntese

A educação patrimonial não tem como espaço privilegiado as escolas ou os museus. Essas instituições, como vimos ao longo de praticamente todo o livro, são fundamentais, sim, como meios em que são coletadas, identificadas e reconhecidas as informações sobre a diversidade cultural. A escola se insere nesse ambiente, no qual se inter-relacionam alunos, professores, Poder Público e comunidade, e o museu tem como papel ser o ambiente de representação do passado desses grupos sociais. A educação patrimonial precisa ser capaz de auxiliar uma revolução cultural no país. Isso será possível quando houver a estreita vinculação entre acessibilidade e inclusão, pois todas as pessoas devem ser capazes de atuar como observadores e sujeitos na construção da nossa memória e do nosso patrimônio cultural. Para a construção da diversidade cultural, deve-se fazer o reconhecimento dos demais códigos linguísticos, como as línguas indígenas e a Libras, por exemplo. Para tanto, diversas são as entidades que precisam convergir para essa ação transformadora, desde o Poder Público, as escolas, as universidades, as comunidades, as organizações sociais, os órgãos reguladores e normatizadores, os conselhos profissionais etc. Essa postura reforça tudo o que afirmamos neste livro, nesse aprendizado, ou seja, entender o patrimônio cultural como um instrumento de construção de uma identidade formada hibridamente, em que cada um se reconheça e reconheça o outro, respeitando-se mutuamente.

Atividades de autoavaliação

1. Sobre os critérios para que os municípios brasileiros participem do PAC Cidades Históricas, assinale V para as proposições verdadeiras e F para as falsas:

    ( ) Ter bens tombados em esfera federal.
    ( ) Ser declarado pela Unesco como patrimônio da humanidade.
    ( ) Apresentar conjuntos tombados em situação de risco.
    ( ) Ser marco da diversidade das formas de ocupação do território nacional.

2. Marque a alternativa em que é citada a legislação que estabelece normas gerais e critérios básicos para a promoção da acessibilidade das pessoas com deficiência ou com mobilidade reduzida, a fim de facilitar a independência:

   a) Lei n. 8.069, de 1990.
   b) Lei n. 12.619, de 2012.
   c) Resolução n. 1.974, de 2011.
   d) Decreto n. 5.296, de 2004.
   e) Decreto n. 25, de 1937.

3. Indique a qual programa as informações se referem:

   I) Programa Monumenta
   II) PAC Cidades Históricas

   ( ) Teve início na década de 1990.
   ( ) Herdou a gerência do programa anterior e está em vigência.
   ( ) O IPHAN é, desde o começo, seu principal gestor.
   ( ) Recebeu apoio maciço da iniciativa privada.

4. Sobre os principais marcos nacionais e internacionais sobre os direitos das pessoas com deficiência, relacione as colunas:

   I) 1981
   II) 1988
   III) 1989
   IV) 2000
   V) 2007

   ( ) Lei da Acessibilidade.
   ( ) Ano Internacional das Pessoas Deficientes.
   ( ) Convenção sobre Direitos das Pessoas com Deficiência.
   ( ) Carta Cidadã.
   ( ) Lei n. 7.853.

5. (ENEM, 2013)

A recuperação da herança cultural africana deve levar em conta o que é próprio do processo cultural: seu movimento, pluralidade e complexidade. Não se trata, portanto, do resgate ingênuo do passado nem do seu cultivo nostálgico, mas de procurar perceber o próprio rosto cultural brasileiro. O que se quer é captar seu movimento para melhor compreendê-lo historicamente.

MINAS GERAIS: Cadernos do Arquivo I: Escravidão em Minas Gerais. Belo Horizonte: Arquivo Público Mineiro, 1988.

Com base no texto, a análise de manifestações culturais de origem africana, como a capoeira ou o candomblé, deve considerar que elas:

a) permanecem como reprodução dos valores e costumes africanos.
b) perderam a relação com o seu passado histórico.
c) derivam da interação entre valores africanos e a experiência histórica brasileira.
d) contribuem para o distanciamento cultural entre negros e brancos no Brasil atual.
e) demonstram a maior complexidade cultural dos africanos em relação aos europeus.

Atividades de aprendizagem

Questões para reflexão

1. Explicamos que há uma diferença entre as perspectivas de integração e de inclusão das pessoas com deficiências em nossa sociedade. Disserte sobre essas diferenças, justificando-as. Ilustre sua resposta com charges ou imagens que dialoguem com sua redação.

Atividades aplicadas: prática

1. Acesse o *site* do Programa Mais Educação (<http://www.portal.mec.gov.br>) e leia o conteúdo disponível, inclusive os *links* ali indicados. Em seguida, elabore um texto enfatizando o papel da cultura para a promoção da educação integral. Se você tiver uma experiência própria sobre o Programa Mais Educação[5] para compartilhar, pode inserir seu relato em seu texto.

Para saber mais

ACESSIBILIDADE CULTURAL. Disponível em: <http://acessibilidadecultural.com.br/>. Acesso em: 24 jul. 2016.

- Visite a página do Guia de Acessibilidade Cultural de São Paulo para saber mais sobre as instituições acessíveis e suas respectivas atividades nessa área.

---

5 Para mais informações sobre o programa, acesse o material disponível em: <http://portal.mec.gov.br/dmdocuments/passoapasso_maiseducacao.pdf>. Acesso em: 20 out. 2016.

GUIA DE ACESSIBILIDADE CULTURAL DO INSTITUTO MARA GABRILLI. Disponível em: <https://www.youtube.com/watch?v=U7j2H-3vTa4>. Acesso em: 20 out. 2016.

- Esse vídeo mostra como foi elaborado o *Guia de Acessibilidade Cultural de São Paulo*, apresenta a metodologia de trabalho adotada e a equipe participante e detalha como navegar pelo *site* do guia.

Considerações finais

Neste livro, analisamos a trajetória da construção da política pública de preservação e proteção do patrimônio cultural no Brasil. Verificamos que os bens imóveis eram os maiores representantes do acervo patrimonial do país, mas gradativamente a dimensão imaterial passou a ser incorporada. Comentamos programas, trajetos institucionais e individuais de figuras brasileiras diretamente ligadas a essa política, bem como conceitos que remetem ao campo da memória e da história, fundamentados em autores que se dedicam ao estudo da modernidade, ou seja, o desenvolvimento social e cultural dos séculos XX e XXI. Ainda, interligamos normas legais e costumes sociais diversificados, explicitamos a convivência entre materialidade e imaterialidade.

Referimos a criação do Serviço do Patrimônio Histórico e Artístico Nacional (SPHAN), que pretendia definir uma identidade nacional que a todos representasse, com testemunhos do passado vivido no território brasileiro, como igrejas, fortalezas, fortes e outros edifícios originais dos séculos coloniais, principalmente. Nos anos 1970, entre programas estruturais do governo federal, apresentamos o Programa das Cidades Históricas, em que a concepção de democracia com base na apropriação da história coletiva não permitia a participação popular.

Entre a instalação da ditadura e a promulgação da Constituição Federal de 1988 (CF/1988), a ideia que prevaleceu foi a de promover acesso à estrutura patrimonial brasileira (museus, centros e cidades históricas etc.) sem, no entanto, permitir a participação popular na gestão das políticas públicas dessa área. A ideia do Estado, naquele momento histórico, era a de que o simples acesso aos bens culturais, assim como aos serviços básicos como transporte, saúde e outros, seria o suficiente para garantir direitos para o exercício da cidadania.

Também tratamos de um tempo mais recente, marcado, principalmente, pela promulgação da CF/1988 e pelas reivindicações emanadas no século XXI com a radicalização da luta em prol da diversidade cultural e da ocupação do espaço público como ambiente democrático para a participação popular efetiva.

Para finalizar, tendo os museus como eixo deste livro, apreendemos que estes desempenham papel fundamental na educação patrimonial. Os museus ganharam uma função estruturante. No entanto, somente a partir da década de 1950 profissionais da área passaram a compor o quadro do serviço, em que preponderavam os arquitetos, em virtude tendência de considerar os edifícios históricos os principais objetos de preservação e proteção.

Referências

A VITÓRIA. **Correio Paulistano**. Crônica Social. São Paulo, 18 fev. 1922.

ABREU, R. "Tesouros humanos vivos" ou quando as pessoas transformam-se em patrimônio cultural – notas sobre a experiência francesa de distinção do "Mestre da Arte". In: ABREU, R.; CHAGAS, M. (Org.). **Memória e patrimônio**: ensaios contemporâneos. Rio de Janeiro: Lamparina, 2009. p. 83-96

ABREU, R.; NUNES, N. L. Tecendo a tradição e valorizando o conhecimento tradicional da Amazônia: o caso da "linha do tucum". **Horizontes Antropológicos**, Porto Alegre, v. 18, n. 38, jul./dez. 2012. Disponível em: <http://www.scielo.br/scielo.php?script=sci_art text&pid=S0104-71832012000200002>. Acesso em: 10 nov. 2016.

ANASTASSAKIS, Z. **Dentro e fora da política oficial de preservação do patrimônio cultural no Brasil**: Aloísio Magalhães e o Centro Nacional de Referência Cultural. Rio de Janeiro: UFRJ/Museu Nacional/PPGAS, 2007.

ANDRADE, M. de. **Cartas de trabalho**: correspondência com Rodrigo Melo Franco de Andrade, 1936-1945. Brasília: Secretaria do Patrimônio Histórico e Artístico Nacional/Fundação Pró-Memória, 1981.

ANDRADE, M. de. **Poesias completas**. Belo Horizonte: Itatiaia; São Paulo: Edusp, 1987.

ANDRADE, M. de. **Poesias Completas**. Rio de Janeiro: Nova Fronteira, 2013. v. 1

ANDRADE, M. de. **Táxi e crônicas no Diário Nacional**. São Paulo: Duas Cidades/Secretaria da Cultura, Ciência e Tecnologia, 1976.

BRASIL. Constituição (1934). **Diário Oficial [da] República dos Estados Unidos do Brasil**, Rio de Janeiro, RJ, 16 jul. 1934a.

BRASIL. Constituição (1946). **Diário Oficial [da] República dos Estados Unidos do Brasil**, Rio de Janeiro, RJ, 19 set. 1946. Disponível em: <http://www.planalto.gov.br/ccivil_03/Constituicao/Constituicao46.htm>. Acesso em: 14 out. 2016.

BRASIL. Constituição (1988). **Diário Oficial da União**, Brasília, DF, 5 out. 1988. Disponível em: <http://www.planalto.gov.br/ccivil_03/Constituicao/Constituicao.htm>. Acesso em: 14 out. 2016.

BRASIL. Decreto n. 3.551, de 4 de agosto de 2000. **Diário Oficial da União**, Poder Executivo, Brasília, DF, 7 ago. 2000a. Disponível em: <http://www.planalto.gov.br/ccivil_03/decreto/D3551.htm>. Acesso em: 10 out. 2016.

BRASIL. Decreto n. 5.296, de 2 de dezembro de 2004. **Diário Oficial da União**, Poder Executivo, Brasília, DF, 3 dez. 2004. Disponível em: <http://www.planalto.gov.br/ccivil_03/_ato2004-2006/2004/decreto/d5296.htm>. Acesso em: 20 out. 2016.

BRASIL. Decreto 6.949, de 25 de agosto de 2009. **Diário Oficial da União**, Poder Executivo, Brasília, DF, 26 ago. 2009a. Disponível em: <http://www.planalto.gov.br/ccivil_03/_Ato2007-2010/2009/Decreto/D6949.htm>. Acesso em: 9 nov. 2016.

BRASIL. Decreto n. 24.735, de 14 de julho de 1934. **Diário Oficial da União**, Poder Executivo, Rio de Janeiro, RJ, 25 jul. 1934b. Disponível em: <http://www2.camara.leg.br/legin/fed/decret/1930-1939/decreto-24735-14-julho-1934-498325-publicacaooriginal-1-pe.html>. Acesso em: 10 out. 2016.

BRASIL. Decreto-Lei n. 25, de 30 de novembro de 1937. **Diário Oficial**, Poder Executivo, Rio de Janeiro, RJ, 6 dez. 1937. Disponível em: <http://www.planalto.gov.br/ccivil_03/decreto-lei/Del0025.htm>. Acesso em: 7 nov. 2016.

BRASIL. Lei n. 378, de 13 de janeiro de 1937. **Diário Oficial da União**, Poder Legislativo, Rio de Janeiro, 15 jan. 1937. Disponível em: <http://www.planalto.gov.br/ccivil_03/leis/1930-1949/L0378.htm>. Acesso em: 10 out. 2016.

BRASIL. Lei n. 4.024, de 20 de dezembro de 1961. **Diário Oficial da União**, Poder Legislativo, Brasília, DF, 27 dez. 1961. Disponível em: <http://legislacao.planalto.gov.br/legisla/legislacao.nsf/Viw_Identificacao/lei%204.024-1961?OpenDocument>. Acesso em: 21 out. 2016.

BRASIL. Lei n. 7.853, de 24 de outubro de 1989. **Diário Oficial da União**, Poder Legislativo, Brasília, DF, 25 out. 1989. Disponível em: <http:// www.planalto.gov.br/ccivil_03/leis/L7853.htm>. Acesso em: 20 out. 2016.

BRASIL. Lei n. 9.610, de 19 de fevereiro de 1998. **Diário Oficial da União**, Poder Legislativo, Brasília, DF, 20 fev. 1998. Disponível em: <http://www.planalto.gov.br/ccivil_03/leis/L9610.htm>. Acesso em: 10 out. 2016.

BRASIL. Lei n. 10.048, de 8 de novembro de 2000. **Diário Oficial da União**, Poder Legislativo, Brasília, DF, 9 nov. 2000b. Disponível em: <http://www.planalto.gov.br/ccivil_03/leis/L10048.htm>. Acesso em: 20 out. 2016.

BRASIL. Lei n. 10.098, de 19 de dezembro de 2000. **Diário Oficial da União**, Poder Legislativo, Brasília, DF, 20 dez. 2000c. Disponível em: <http://www.planalto.gov.br/ccivil_03/leis/L10098.htm>. Acesso em: 24 jul. 2016.

BRASIL. Lei n. 10.257, de 10 de julho de 2001. **Diário Oficial da União**, Poder Legislativo, Brasília, DF, 11 jul. 2001. Disponível em: <http://www.planalto.gov.br/ccivil_03/leis/LEIS_2001/L10257.htm>. Acesso em: 10 out. 2016.

BRASIL. Lei n. 11.904, de 14 de janeiro de 2009b. **Diário Oficial da União**, Poder Legislativo, Brasília, DF, 15 jan. 2009. Disponível em: <http://www.planalto.gov.br/ccivil_03/_Ato2007-2010/2009/Lei/L11904.htm>. Acesso em: 20 out. 2016.

BRASIL. Lei n. 12.343, de 2 de dezembro de 2010. **Diário Oficial da União**, Poder Legislativo, Brasília, DF, 3 dez. 2010. Disponível em: <https://www.planalto.gov.br/ccivil_03/_ato2007-2010/2010/lei/l12343.htm>. Acesso em: 24 jul. 2016.

BRASIL. Lei n. 13.146, de 6 de julho de 2015. **Diário Oficial da União**, Poder Legislativo, Brasília, DF, 7 jul. 2015. Disponível em: <http://www.planalto.gov.br/ccivil_03/_Ato2015-2018/2015/Lei/L13146.htm>. Acesso em: 22 out. 2016.

BRASIL. Ministério da Cultura. **Plano Nacional de Cultura**: Meta 34. Disponível em: <http://pnc.culturadigital.br/metas/50-de-bibliotecas-publicas-e-museus-34-modernizados/>. Acesso em: 20 out. 2016.

BRASIL. **Plano Nacional de Cultura (PNC)**. 3 jul. 2014. Disponível em <http://www.cultura.gov.br/plano-nacional-de-cultura-pnc->. Acesso em: 18 out. 2016.

CANCLINI, N. G. **Culturas híbridas**: estratégias para entrar e sair da modernidade. 4. ed. São Paulo: Edusp, 2013. (Ensaios Latino-americanos).

CARTA de Machu Picchu. Encontro Internacional de Arquitetos, de dezembro de 1977. Disponível em: <http://portal.iphan.gov.br/uploads/ckfinder/arquivos/Carta%20de%20Machu%20Picchu%201977.pdf>. Acesso em: 19 out. 2016.

CARREIRA, G. L. P. Patrimônio cultural imaterial: do anteprojeto de Mário de Andrade à Constituição de 1988 – aspectos relevantes. In: ENCONTRO INTERNACIONAL DE DIREITOS CULTURAIS, v. 1, 2012.

CHOAY, F. **A alegoria do patrimônio**. São Paulo: Unesp, 2001.

CHUVA, M. Por uma história da noção de patrimônio cultural no Brasil. **Revista do Patrimônio Histórico e Artístico Nacional**, n. 34, p. 147-165, 2012.

COHEN, R.; DUARTE, C.; BRASILEIRO, A. **Acessibilidade a museus**. Brasília, DF: MinC/Ibram, 2012. (Cadernos Museológicos, v. 2).

COSTA, S. A. A. da. **Acessibilidade cultural e a cultura do acesso na cidade de São Paulo**: uma trajetória em construção. 34 f. Trabalho de conclusão de curso (Pós-graduação em Gestão de Projetos Culturais e Organização de Eventos) – Universidade de São Paulo, São Paulo, 2014. Disponível em: <http://200.144.182.130/celacc/sites/default/files/media/tcc/artigo_simone_arcanjo_alves_da_costa_acessibilidade_cultural_e_a_cultura_de_acesso_na_cidade_de_suo_paulo_uma_trajetria_em_construouo.pdf>. Acesso em: 21 out. 2016.

COSTA, K. C. Ação popular e ação civil pública. **Âmbito Jurídico.com.br**. Disponível em: <http://www.ambitojuridico.com.br/site/?n_link=revista_artigos_leitura&artigo_id=9888&revista_caderno=9>. Acesso em: 18 out. 2016.

DEHEINZELIN, L. **Desejável mundo novo**: vida sustentável, diversa e criativa em 2042. 2012. Disponível em: <http://criefuturos.com/@api/deki/files/1306/=DESEJAVEL_MUNDO_NOVO-Crie_Futuros.pdf>. Acesso em: 18 out. 2016.

DIOGO, E. (Org.). **Recuperação de imóveis privados** em **centros históricos**. Brasília, DF: IPHAN, 2009.

DUARTE JÚNIOR, R. Programa Monumenta: uma experiência em preservação urbana no Brasil. **Revista CPC**, São Paulo, n. 10, p. 49-88, maio/out. 2010.

ENCICLOPÉDIA ITAÚ CULTURAL. **Academicismo**. Disponível em: <http://enciclopedia.itaucultural.org.br/termo349/academicismo>. Acesso em: 14 out. 2016a.

ENCICLOPÉDIA ITAÚ CULTURAL. **Romantismo**. Disponível em: <http://enciclopedia.itaucultural.org.br/termo3640/romantismo> Acesso em: 17 out. 2016b.

FONSECA, M. C. L. Da modernização à participação: a política federal de preservação nos anos 70 e 80. **Revista IPHAN**, n. 24, p. 153-164, 1996.

FONSECA, M. C. L. **O patrimônio em processo**: trajetória da política federal de preservação no Brasil. Rio de Janeiro: UFRJ/IPHAN, 1997.

FONSECA, S. M. **Navegando na história da educação brasileira**. Campinas: Unicamp, 2008.

FREITAG, B. A revitalização dos centros históricos das cidades brasileiras. **Caderno CRH**, Salvador, n. 38, p. 115-126, jan./jun. 2003.

FUNARI, P. P.; PELEGRINI, S. C. A. **Patrimônio histórico e cultural**. Rio de Janeiro: J. Zahar, 2006.

GAETA, A. C. Plano Diretor, gestão dos pequenos municípios e preservação do patrimônio histórico. **Temas de Administração Pública**, Unesp, Araraquara, v. 3, n. 4, 2009.

GOFFMAN, E. **Estigma**: la identidad deteriorada. 5. ed. Buenos Aires: Amorrortu Editores, 1993.

GRAEFF, L.; FERNANDES, R. M. F.; CLOSS, A. C. Acessibilidade em ambientes culturais: explorando o potencial cidadão do Plano Nacional de Cultura. **SER Social**, Brasília, v. 15, n. 32, p. 117-140, jan./jun. 2013.

HOBSBAWM, E. **Era dos Extremos**: o breve século XX (1914-1991). Tradução de Marcos Santarrita. São Paulo: Companhia das Letras, 1995.

HOBSBAWM, E.; RANGER, T. (Org.). **A invenção das tradições**. Rio de Janeiro: Paz e Terra, 2012.

HUGO, V. Guerre aux démolisseurs. **Revue de Deux Mondes**. Période Initiale. Tomo 5, p. 607-622, 1832. Disponível em: <https://fr.wikisource.org/wiki/Guerre_aux_démolisseurs>. Acesso em: 19 out. 2016.

IBGE – Instituto Brasileiro de Geografia e Estatística. **Censo Demográfico 2010**: Resultados Gerais da Amostra. 27 abr. 2012. Disponível em: <http://www.ibge.gov.br/home/presidencia/noticias/imprensa/ppts/00000008473104122012315727483985.pdf>. Acesso em: 8 nov. 2016.

IBRAM – Instituto Brasileiro de Museus. **Formulário de Visitação Anual**: Resultados FVA 2014. Disponível em: <http://www.museus.gov.br/wp-content/uploads/2015/08/RESULTADOS-FVA-2014.pdf>. Acesso em: 8 nov. 2016.

ICOMOS – Conselho Internacional de Monumentos e Sítios. **Declaração do México**. 1985. Disponível em: <http://portal.iphan.gov.br/uploads/ckfinder/arquivos/Declaracao%20do%20Mexico%201985.pdf>. Acesso em: 9 nov. 2016.

IPHAN – Instituto do Patrimônio Histórico e Artístico Nacional. **Bens tombados**. Disponível em: <http://portal.IPHAN.gov.br/pagina/detalhes/126>. Acesso em: 20 out. 2016a.

IPHAN. Cultura/Educação: SEC aprova os primeiros projetos. **Boletim SPHAN/Pró-memória**, n. 18, p. 12, 1982. Disponível em: <http://docvirt.no-ip.com/docreader.net/DocReader.aspx?bib=bol_sphan&pagfis=185&pesq=&esrc=s>. Acesso em: 14 out. 2016.

IPHAN. **Dossiê Iphan 3**: ofício das paneleiras de Goiabeiras Disponível em: <http://portal.iphan.gov.br/uploads/publicacao/PatImDos_PaneleirasGoiabeiras_m.pdf>. Acesso em 17 out. 2016b.

IPHAN. **Educação patrimonial**. Disponível em: <http://portal.IPHAN.gov.br/pagina/detalhes/343>. Acesso em: 14 out. 2016c.

IPHAN. **Educação patrimonial**: histórico, conceitos e processos. Brasília, 2014. Disponível em: <http://portal.IPHAN.gov.br/uploads/ckfinder/arquivos/Educacao_Patrimonial.pdf>. Acesso em: 14 out. 2016.

IPHAN. Instituto do Patrimônio Histórico e Artístico Nacional. **Educação patrimonial**: manual de aplicação. Programa Mais Educação. Brasília, 2013. Disponível em: <http://portal.iphan.gov.br/uploads/publicacao/EduPat_EducPatrimonialProgramaMaisEducacao_m.pdf>. Acesso em: 14 out. 2016.

IPHAN. **Inventário Nacional de Referências Culturais (INRC)**. Disponível em: <http://portal.iphan.gov.br/pagina/detalhes/685/>. Acesso em: 17 out. 2016d.

IPHAN. **Inventário Nacional de Referências Culturais**: INRC 2000 – Manual de Aplicação. Brasília, 2000. Disponível em: <http://portal.iphan.gov.br/uploads/ckfinder/arquivos/Manual_do_INRC.pdf>. Acesso em: 17 out. 2016.

IPHAN – **Livros de registro**. Disponível em: <http://portal.IPHAN.gov.br/pagina/detalhes/122>. Acesso em: 13 out. 2016e.

IPHAN. **Ofício das paneleiras de Goiabeiras**. Disponível em: <http://portal.IPHAN.gov.br/pagina/detalhes/51>. Acesso em: 14 out. 2016f.

IPHAN. Projeto Interação: a cultura como matéria-prima da educação. **Boletim SPHAN/Pró-memória**, n. 36, p. 15, 1985. Disponível em: <http://docvirt.com/docreader.net/DocReader.aspx?bib=bol_sphan&pagfis=985&pesq=>. Acesso em: 14 out. 2016.

LE GOFF, J. **Documento/monumento**. Portugal: Imprensa Nacional/Casa da Moeda, 1984. (Enciclopédia Einaudi: memória-história, v. 1).

MARCHETTE, T. **Mestres artífices**: o imaterial impresso na materialidade. Curitiba: Lon Produções Culturais, 2011.

MARCHETTE, T. D.; COSTA, V. A. de A. (Coord.) **Guia de educação patrimonial**. Curitiba: Factum, 2013. Disponível em: <http://factumhistoria.com.br/download/guia_educacao_patrimonial.pdf>. Acesso em: 19 out. 2016.

NORA, P. Entre memória e história: a problemática dos lugares. **Projeto História. Revista do Programa de Estudos Pós-Graduados de História,** São Paulo, v. 10, 1993.

O COMBATE. **Correio Paulistano**. Crônica Social. São Paulo, 16 fev. 1922.

OEA – Organização dos Estados Americanos. Departamento de Direito Internacional. **Carta da Organização dos Estados Americanos**, (A-41), 1990. Disponível em: <http://www.oas.org/dil/port/tratados_A-41_Carta_da_Organização_dos_Estados_Americanos.htm>. Acesso em: 23 ago. 2016.

ONU – Organização das Nações Unidas. **Declaração dos Direitos das Pessoas Deficientes**. 9 dez. 1975. Disponível em: <http://portal.mec.gov.br/seesp/arquivos/pdf/dec_def.pdf>. Acesso em: 20 out. 2016.

PELEGRINI, S. C. A. O patrimônio cultural no discurso e na lei: trajetórias do debate sobre a preservação no Brasil. **Patrimônio e Memória**, v. 2, n. 2, p. 54-77, Assis; São Paulo: Ed. da Unesp; FCLAs; Cedap, 2006.

PIRES, F. M.; ALVARES, L. C. **A interação entre o patrimônio cultural e o visitante**: a sinalização interpretativa nos casos de La Pedrera, Barcelona e da Casa do Baile, Pampulha. 2004. Disponível em: <http://www.fdr.edu.br/revista/downloads/volume1/artigo_La_Pedrera.pdf>. Acesso em: 20 out. 2016.

RELATÓRIO de economia criativa 2010: economia criativa, uma opção de desenvolvimento. Brasília: Secretaria da Economia Criativa/Minc; São Paulo: Itaú Cultural, 2012. Disponível em <http://unctad.org/pt/docs/ditctab20103_pt.pdf>. Acesso em: 18 out. 2016.

RODRIGUES, J. E. R.; MIRANDA, M. P. de S. **Estudos de direito do patrimônio cultural**. Belo Horizonte: Fórum, 2012.

ROTMAN, M.; CATELLS, A. N. G. de. Patrimônio e cultura: processos de politização, mercantilização e construção de identidades. In: LIMA FILHO, M. F.; ECKERT, C.; BELTRÃO, J. F. (Org.). **Antropologia e patrimônio cultural**: diálogos e desafios contemporâneos. Blumenau: Nova Letra, 2007. p. 57-80. Disponível em: <http://www.abant.org.br/conteudo/livros/PatrimonioCultural.pdf>. Acesso em: 19 out. 2016.

SALA, D. Mário de Andrade e o anteprojeto do serviço do patrimônio artístico nacional. **Revista do Instituto de Estudos Brasileiros**, São Paulo, v. 31, p. 19-26, 1990.

SANT'ANNA, M. A face imaterial do patrimônio cultural: os novos instrumentos de reconhecimento e valorização. In: ABREU, R.; CHAGAS, M. (Org.) **Memória e patrimônio**: ensaios contemporâneos. 2. ed. Rio de Janeiro: Lamparina, 2009. p. 49-58.

SANTIAGO, E. Ação popular. **InfoEscola**. Disponível em: <http://www.infoescola.com/direito/acao-popular>. Acesso em: 18 out. 2016.

SCHWARCZ, L. M.; STARLING, H. M. **Brasil**: uma biografia. São Paulo: Companhia das Letras, 2015.

SENNETT, R. **Juntos**: os rituais, os prazeres e a política de cooperação. Rio de Janeiro: Record, 2012.

SEVCENKO, N. **Orfeu extático na metrópole**: São Paulo, sociedade e cultura nos frementes anos 20. São Paulo: Companhia das Letras, 1998.

SHIMOZAKAI, R. Acessibilidade cultural: uma longa jornada. **Portal do Envelhecimento**, 2013. Disponível em: <http://www.portaldo envelhecimento.com/acessibilidades/item/3975-acessibilidade-cultural-uma-longa-jornada>. Acesso em: 9 nov. 2016.

SUTIL, M. **Arquitetura eclética de Curitiba**: 1880-1930. Catálogo expositivo. Curitiba: Fundação Cultural de Curitiba, 2012.

THROSBY, D. **Economics and Culture**. Cambridge: Cambridge University Press, 2001.

UNESCO. Representação da Unesco no Brasil. **Patrimônio cultural no Brasil**. Disponível em: <http://www.unesco.org/new/pt/brasilia/culture/world-heritage/cultural-heritage>. Acesso em: 24 jul. 2016.

UNESCO. Organização das Nações Unidas para a Educação, Ciência e Cultura. **Conferência Geral da Organização das Nações Unidas para a Educação, a Ciência e a Cultura. 13ª sessão de 19 de novembro de 1964**. Disponível em: <http://portal.IPHAN.gov.br/uploads/ckfinder/arquivos/Recomendacao%20de%20Paris%201964.pdf>. Acesso em: 19 out. 2016.

UNESCO. Organização das Nações Unidas para a Educação, Ciência e Cultura. **Conferência Geral da Organização das Nações Unidas para a Educação, a Ciência e a Cultura. 15ª sessão de 19 de novembro de 1968**. Disponível em: <http://portal.IPHAN.gov.br/uploads/ckfinder/arquivos/Recomendacao%20de%20Paris%201968.pdf>. Acesso em: 19 out. 2016.

UNESCO – Organização das Nações Unidas para a Educação, Ciência e Cultura. **Conferência Geral da Organização das Nações Unidas para a Educação, a Ciência e a Cultura. 17ª reunião de 16 novembro de 1972**. Disponível em: < http://portal.iphan.gov.br/uploads/ckfinder/arquivos/Recomendacao%20de%20Paris%201972.pdf>. Acesso em: 9 nov. 2016.

UNESCO. Organização das Nações Unidas para a Educação, Ciência e Cultura. **Conferência Geral da Organização das Nações Unidas para a Educação, a Ciência e a Cultura. 25ª reunião de 15 de novembro de 1989**. Disponível em: <http://portal.IPHAN.gov.br/uploads/ckfinder/arquivos/Recomendacao%20Paris%201989.pdf>. Acesso em: 19 out. 2016.

UNESCO. Organização das Nações Unidas para a Educação, a Ciência e a Cultura. **Convenção para a Salvaguarda do Patrimônio Cultural Imaterial**. Traduzido pelo Ministério das Relações Exteriores. 2006. Disponível em: <http://unesdoc.unesco.org/images/0013/001325/132540por.pdf>. Acesso em: 9 nov. 2016.

UNESCO. Organização das Nações Unidas para a Educação, a Ciência e a Cultura. **Convenção sobre a Proteção e Promoção da Diversidade das Expressões Culturais**. 2005. Disponível em: <http://www.ibermuseus.org/wp-content/uploads/2014/07/convencao-sobre-a-diversidade-das-expressoes-culturais-unesco-2005.pdf>. Acesso em: 9 nov. 2016.

UNESCO – Organização das Nações Unidas para a Educação, a Ciência e a Cultura. **Declaração Universal sobre a Diversidade Cultural.** 2002. Disponível em: <http://unesdoc.unesco.org/images/0012/001271/127160por.pdf>. Acesso em: 9 nov. 2016.

VAINFAS, R. **Dicionário do Brasil Colonial (1500-1808).** Rio de Janeiro: Objetiva, 2000.

VELLOSO, M. P. Os intelectuais e a política cultural do Estado Novo. **Revista de Sociologia e Política**, [S.l.], n. 9, p. 57-74, dez. 1997. Disponível em: <http://revistas.ufpr.br/rsp/article/view/39298>. Acesso em: 26 ago. 2016.

VIEIRA, I. IBGE: 24% da população têm algum tipo de deficiência. **Exame.com**, 27 abr. 2012. Disponível em: <http://exame.abril.com.br/brasil/ibge-24-da-populacao-tem-algum-tipo-de-deficiencia/>. Acesso em: 9 nov. 2016.

Bibliografia comentada

FONSECA, M. C. L. **O patrimônio em processo**: trajetória da política federal de preservação no Brasil. Rio de Janeiro: UFRJ; Minc – IPHAN, 1997.

Nesse livro, publicado em 1997, a socióloga Maria Cecília L. Fonseca retrata a trajetória da política patrimonial brasileira do século XVIII ao século XX, enfatizando a criação do IPHAN. A obra é organizada em duas partes; na primeira, a autora se debruça sobre os conceitos de patrimônio ao longo da história ocidental, evidenciando sua consolidação no século passado; na segunda parte, por sua vez, o livro esmiúça a criação do IPHAN e seu desdobramento desde 1937, utilizando, para tanto, a cronologia da história da proteção do patrimônio cultural brasileiro em suas fases heroica e moderna, estendendo até a década de 1990 as reflexões quanto às ações dos tombamentos.

LE GOFF, J. **História e memória**. 5. ed. Campinas: Ed. da Unicamp, 2003.

Obra do historiador francês especializado em história medieval, *História e memória* foi publicada em 1988. Dividido em 10 capítulos, esse livro é importante para o estudioso e profissional que se dedica à análise dos laços entre história e memória a partir de várias relações, como entre o passado e o presente, o antigo e o moderno, o progresso e a relação entre documento e monumento. O objetivo do trabalho desse historiador francês é demonstrar o sentido da história como prática profissional e social, tecendo articulações entre o trabalho dos historiadores e a memória coletiva.

SOUZA FILHO, C. M. de. **Bens culturais e proteção jurídica**. Curitiba: Juruá, 2006.

A leitura desta obra é indicada para a compreensão da função social dos bens culturais e, portanto, para o entendimento a respeito do dever dos poderes estadual, municipal e federal para com a sua proteção. A legislação vigente deve ser acompanhada pela consciência cidadã e governamental sobre a importância estratégica da cultura, em todas as suas manifestações, para o desenvolvimento da nação. Para tanto, o autor, que é advogado e jurista, promove reflexão sobre a concepção de Estado e sua interação com os direitos culturais.

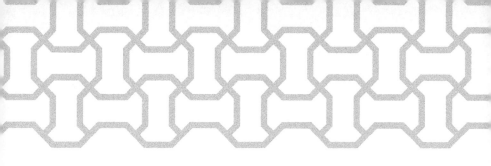

Consultando a legislação

As indicações a seguir representam uma importante fonte de pesquisa, com especial enfoque para as questões de proteção ao patrimônio histórico e cultural.

Legislação federal sobre a proteção do patrimônio cultural brasileiro

- **1934 – Decreto n. 24.735.** Cria a Inspetoria de Monumentos Nacionais vinculada ao Museu Histórico Nacional.

    BRASIL. Decreto n. 24.735, de 14 de julho de 1934. **Diário Oficial da União**, Poder Executivo, Rio de Janeiro, 25 jul. 1934. Disponível em: <http://www2.camara.leg.br/legin/fed/decret/1930-1939/decreto-24735-14-julho-1934-498325-publicacaooriginal-1-pe.html>. Acesso em: 21 out. 2016.

- **1934 – Constituição Federal.** Aprova o regulamento do Museu Histórico Nacional, organizando anexo a ele um serviço de proteção aos monumentos históricos e obras de arte, definindo, ainda, como poder de Estado a proteção aos bens culturais.

    BRASIL. Constituição (1934). **Diário Oficial [da] República dos Estados Unidos do Brasil**, Rio de Janeiro, 16 jul. 1934.

- **1937 – Lei n. 378.** Cria o órgão responsável pela preservação do Patrimônio Cultural Brasileiro, o Serviço do Patrimônio Histórico e Artístico Nacional (SPHAN) e seu respectivo Conselho Consultivo. Entre 1946 e 1970, o SPHAN operou sob o nome *Departamento do Patrimônio Histórico e Artístico Nacional*, adquirindo, naquele último ano o título de *Instituto*. No entanto, em 1979, a instituição foi dividida em dois órgãos, um normativo (que recuperou a antiga sigla de SPHAN) e outro executivo, este denominado *Fundação Nacional Pró-Memória*. Em 1990, esses órgãos foram extintos e transformados no Instituto Brasileiro do Patrimônio Cultural (IBPC). Desde 1994, é uma autarquia ligada ao Ministério da Cultura (MinC) com a denominação *Instituto do Patrimônio Histórico e Artístico Nacional* (IPHAN).

    BRASIL. Lei n. 378, de 13 de janeiro de 1937. **Diário Oficial da União**, Poder Legislativo, Rio de Janeiro, RJ, 15 jan. 1937. Disponível em: <http://www.planalto.gov.br/ccivil_03/leis/1930-1949/L0378.htm>. Acesso em: 21 out. 2016.

- **1940 – Código Penal Brasileiro**. Arts. 165 e 166. Normatiza os crimes contra o patrimônio cultural. (Revogados pela Lei n. 9.605, de 12 de fevereiro de 1998, arts. 62 e 63).

    BRASIL. Decreto-Lei n. 2.848, de 7 de dezembro de 1940. **Diário Oficial da União,** Poder Executivo, Rio de Janeiro, RJ, 31 dez. 1940. Disponível em: <http://www.planalto.gov.br/ccivil_03/decreto-lei/del2848.htm>. Acesso em: 21 out. 2016.

- **1941 – Decreto-Lei n. 3.866**. Dispõe sobre o cancelamento do tombamento de bens patrimoniais. Apesar de vigente, esse instrumento legal é inconstitucional desde a promulgação da Carta de 1988, uma vez que fere o direito à preservação dos bens culturais.

    BRASIL. Decreto-Lei n. 3.866, de 29 de novembro de 1941. **Diário Oficial da União,** Poder Executivo, Rio de Janeiro, RJ, 31 dez. 1941. Disponível em: <http://www.planalto.gov.br/ccivil_03/decreto-lei/1937-1946/Del3866.htm>. Acesso em: 21 out. 2016.

- **1960 – Lei n. 3.924**. Dispõe sobre os monumentos arqueológicos e pré-históricos.

    BRASIL. Lei n. 3.924, de 26 de julho de 1961. **Diário Oficial da União,** Poder Legislativo, Brasília, DF, 27 jul. 1961. Disponível em: <http://www.planalto.gov.br/ccivil_03/leis/1950-1969/L3924.htm>. Acesso em: 21 out. 2016.

- **1975 – Lei n. 6.292.** Dispõe sobre o tombamento de bens no Instituto do Patrimônio Histórico e Artístico Nacional (IPHAN) e modifica as competências do Conselho Consultivo, retirando-lhe a parte deliberativa.

    BRASIL. Lei n. 6.292, de 15 de dezembro de 1975. **Diário Oficial da União**, Poder Legislativo, Brasília, DF, 16 dez. 1975. Disponível em: <http://www.planalto.gov.br/ccivil_03/leis/1970-1979/L6292.htm>. Acesso em: 24 jul. 2016.

- **1977 – Decreto n. 80.978.** Promulga a Convenção Relativa à Proteção do Patrimônio Mundial, Cultural e Natural, adotada em Paris, em 1972, durante a XVII Sessão da Conferência Geral da Unesco.

    BRASIL. Decreto n. 80.978, de 12 de dezembro de 1977. **Diário Oficial da União**, Poder Executivo, Brasília, DF, 14 dez. 1977. Disponível em: <http://www2.camara.leg.br/legin/fed/decret/1970-1979/decreto-80978-12-dezembro-1977-430277-retificacao-22798-pe.html>. Acesso em: 21 out. 2016.

- **1988 – Decreto n. 95.733**. Dispõe sobre a inclusão, no orçamento dos projetos e das obras federais, de recursos destinados a prevenir ou corrigir os prejuízos de natureza ambiental, cultural e social decorrentes da execução desses projetos e obras.

    BRASIL. Decreto n. 95.733, de 12 de fevereiro de 1988. **Diário Oficial da União**, Poder Executivo, Brasília, DF, 18 fev. 1988. Disponível em: <http://www.planalto.gov.br/ccivil_03/decreto/Antigos/D95733.htm>. Acesso em: 21 out. 2016.

- **1988 – Constituição da República Federativa do Brasil**, arts. 215 e 216. Definem cultura e patrimônio cultural.

    BRASIL. Constituição (1988). **Diário Oficial da União**, Brasília, DF, 5 out. 1988. Disponível em: <http://www.planalto.gov.br/ccivil_03/Constituicao/Constituicao.htm>. Acesso em: 21 out. 2016.

- **1991 – Lei n. 8.159**. Dispõe sobre a política nacional de arquivos públicos e privados (patrimônio documental).

    BRASIL. Lei n. 8.159, de 8 de janeiro de 1991. **Diário Oficial da União**, Poder Legislativo, Brasília, DF, 9 jan. 1991. Disponível em: <http://www.planalto.gov.br/ccivil_03/leis/L8159.htm>. Acesso em: 21 out. 2016.

- **1991 – Lei n. 8.394**. Dispõe sobre a preservação, organização e proteção dos acervos document]ais privados dos presidentes da República e dá outras providências.

    BRASIL. Lei n. 8.394, de 30 de dezembro de 1991. **Diário Oficial da União**, Poder Legislativo, Brasília, DF, 31 dez. 1991. Disponível em: <http://www.planalto.gov.br/ccivil_03/leis/L8394.htm>. Acesso em: 21 out. 2016.

- **1998 – Lei n. 9.605**. É a Lei de Crimes Ambientais, que dispõe sobre os crimes contra o patrimônio cultural, com exceção dos de natureza imaterial.

    BRASIL. Lei n. 9.605, de 12 de fevereiro de 1998. **Diário Oficial da União**, Poder Legislativo, Brasília, DF, 13 fev. 1998. Disponível em: <http://www.planalto.gov.br/ccivil_03/leis/L9605.htm>. Acesso em: 21 out. 2016.

- **2000 – Decreto n. 3.551**. Institui o Registro de Bens Culturais de Natureza Imaterial e dá novas competências para o Conselho Consultivo do Patrimônio Cultural, o qual passa a decidir pelo registro ou não dos bens imateriais. Cria o Programa Nacional do Patrimônio Imaterial (PNPI).

    BRASIL. Decreto n. 3.551, de 4 de agosto de 2000. **Diário Oficial da União**, Poder Executivo, Brasília, DF, 7 ago. 2000. Disponível em: <http://www.planalto.gov.br/ccivil_03/decreto/D3551.htm>. Acesso em: 21 out. 2016.

- **2001 – Lei n. 10.257**. Estatuto da Cidade. Estabelece normas de ordem pública e interesse social que regulam o uso da propriedade urbana em prol do bem coletivo, do equilíbrio ambiental, da segurança e do bem-estar dos cidadãos.

    BRASIL. Lei n. 10.257, de 10 de julho de 2001. **Diário Oficial da União**, Poder Legislativo, Brasília, DF, 11 jul. 2001. Disponível em: <http://www.planalto.gov.br/ccivil_03/leis/LEIS_2001/L10257.htm>. Acesso em: 21 out. 2016.

- **2001 – Medida Provisória n. 2.186-16**. Dispõe sobre o acesso ao patrimônio genético, a proteção e o acesso ao conhecimento tradicional associado, a repartição de benefícios e o acesso à tecnologia e transferência de tecnologia para sua conservação e utilização.

    BRASIL. Medida Provisória n. 2.186-16, de 23 de agosto de 2001. **Diário Oficial da União**, Poder Executivo, Brasília, DF, 24 ago. 2001. Disponível em: <http://www.planalto.gov.br/ccivil_03/mpv/2186-16.htm>. Acesso em: 21 out. 2016.

- **2002 – Lei n. 10.413**. Determina o tombamento dos bens culturais das empresas incluídas no Programa Nacional de Desestatização.

    BRASIL. Lei n. 10.413, de 12 de março de 2002. **Diário Oficial da União**, Poder Legislativo, Brasília, DF, 13 mar. 2002. Disponível em: <http://www.planalto.gov.br/ccivil_03/leis/2002/L10413.htm>. Acesso em: 21 out. 2016.

- **2006 – Decreto n. 5.753**. Promulga a Convenção para a Salvaguarda do Patrimônio Cultural Imaterial, que fora adotada e assinada em Paris, em 2003.

    BRASIL. Decreto n. 5.753, de 12 de abril de 2006. **Diário Oficial da União**, Poder Executivo, Brasília, DF, 13 abr. 2006. Disponível em: <http://www.planalto.gov.br/ccivil_03/_ato2004-2006/2006/decreto/d5753.htm>. Acesso em: 21 out. 2016.

- **2006 – Lei n. 11.328**. Institui o ano de 2006 como o Ano Nacional dos Museus.

    BRASIL. Lei n. 11.328, de 24 de julho de 2006. **Diário Oficial da União**, Poder Legislativo, Brasília, DF, 25 jul. 2006. Disponível em: <http://www.planalto.gov.br/ccivil_03/_Ato2004-2006/2006/Lei/L11328.htm>. Acesso em: 21 out. 2016.

- **2007 – Lei n. 11.483**. Dispõe sobre a revitalização do setor ferroviário (bens culturais da extinta RFFSA).

    BRASIL. Lei n. 11.483, de 31 de maio de 2007. **Diário Oficial da União**, Poder Legislativo, Brasília, DF, 31 maio 2007. Disponível em: <http://www.planalto.gov.br/ccivil_03/_ato2007-2010/2007/lei/l11483.htm>. Acesso em: 21 out. 2016.

- **2009 – Decreto n. 6.844.** Define as funções do Conselho Consultivo do Patrimônio Cultural, sendo: examinar, apreciar e decidir sobre questões relacionadas ao tombamento, ao registro de bens cultuais de natureza imaterial e à saída de bens culturais do país.

    BRASIL. Decreto n. 6.844, de 7 de maio de 2009. **Diário Oficial da União**, Poder Executivo, Brasília, DF, 8 maio 2009. Disponível em: <http://www.planalto.gov.br/ccivil_03/_ato2007-2010/2009/decreto/d6844.htm>. Acesso em: 21 out. 2016.

- **2009 – Lei n. 11.904.** Institui o Estatuto de Museus.

    BRASIL. Lei n. 11.904, de 14 de janeiro de 2009. **Diário Oficial da União**, Poder Legislativo, Brasília, DF, 15 jan. 2009. Disponível em: <http://www.planalto.gov.br/ccivil_03/_Ato2007-2010/2009/Lei/L11904.htm>. Acesso em: 21 out. 2016.

- **2009 – Lei n. 11.906.** Cria o Instituto Brasileiro de Museus para implementação da política pública do setor museológico e órgão responsável pela coordenação do Sistema Brasileiro de Museus e pela Política Nacional de Museus. Essa nova autarquia vinculada ao Minc sucedeu o IPHAN nos direitos, deveres e obrigações relacionados aos museus federais.

    BRASIL. Lei n. 11.906, de 20 de janeiro de 2009. **Diário Oficial da União**, Poder Legislativo, Brasília, DF, 21 jan. 2009. Disponível em: <http://www.planalto.gov.br/ccivil_03/_ato2007-2010/2009/Lei/L11906.htm>. Acesso em: 21 out. 2016.

- **2010 – Decreto n. 7.107**. Promulga o acordo entre o governo do Brasil e a Santa Sé relativo ao Estatuto Jurídico da Igreja Católica no Brasil assinado na Cidade do Vaticano em 2008. Por esse diploma legal é reconhecido que o patrimônio histórico, artístico e cultural da Igreja Católica, bem como seus documentos e arquivos e bibliotecas constituem parte relevante do patrimônio cultural brasileiro.

    BRASIL. Decreto n. 7.107, de 11 de fevereiro de 2010. **Diário Oficial da União**, Poder Executivo, Brasília, DF, 12 fev. 2010. Disponível em: <http://www.planalto.gov.br/ccivil_03/_Ato2007-2010/2010/Decreto/D7107.htm>. Acesso em: 21 out. 2016.

Legislação federal sobre política pública de cultura

- **1985 – Decreto n. 91.144**. Cria o Ministério da Cultura por desdobramento do Ministério da Educação e Cultura. O MinC também é composto por órgãos colegiados e conta com sete entidades vinculadas, sendo três autarquias e quatro fundações que abrangem campos de atuação determinados. São elas: Instituto do Patrimônio Histórico e Artístico Nacional (IPHAN), Instituto Brasileiro de Museus (Ibram), Agência Nacional do Cinema (Ancine), Fundação Casa de Rui Barbosa (FCRB), Fundação

Cultural Palmares (FCP), Fundação Nacional das Artes (Funarte) e Fundação Biblioteca Nacional (FBN).

BRASIL. Decreto n. 91.144, de 14 de março de 1985. **Diário Oficial da União**, Poder Executivo, Brasília, DF, 15 mar. 1985. Disponível em: <http://www.planalto.gov.br/ccivil_03/decreto/1980-1989/D91144.htm>. Acesso em: 21 out. 2016.

- **1986 – Lei n. 7.505**. Dispõe sobre benefícios fiscais na área do Imposto de Renda concedidos a operações de caráter cultural ou artístico (Lei Sarney).

    BRASIL. Lei n. 7.505, de 2 de julho de 1986. **Diário Oficial da União**, Poder Legislativo, Brasília, DF, 3 jul. 1986. Disponível em: <http://www.planalto.gov.br/ccivil_03/leis/L7505.htm>. Acesso em: 21 out. 2016.

- **1991 – Lei n. 8.313**. Restabelece princípios da Lei Sarney e institui o Programa Nacional de Apoio à Cultura (Pronac), implementado com subsídios do Fundo Nacional da Cultura e incentivos fiscais a projetos culturais (Lei Rouanet).

    BRASIL. Lei n. 8.313, de 23 de dezembro de 1991. **Diário Oficial da União**, Poder Legislativo, Brasília, DF, 24 dez. 1991. Disponível em: <http://www.planalto.gov.br/ccivil_03/leis/L8313cons.htm>. Acesso em: 21 out. 2016.

- **2005 – Decreto n. 5.520**. Institui o Sistema Federal de Cultura (SFC) com a finalidade de integrar órgãos, programas e ações culturais do governo federal; dispõe sobre composição e funcionamento do Conselho Nacional de Política Cultural (CNPC), colegiado pertencente à estrutura do MinC com a atribuição de propor e formular políticas públicas para o fomento das atividades culturais no território brasileiro.

    BRASIL. Decreto n. 5.520, de 24 de agosto de 2005. **Diário Oficial da União**, Poder Executivo, Brasília, DF, 25 ago. 2005. Disponível em: <http://www.planalto.gov.br/ccivil_03/_ato2004-2006/2005/Decreto/D5520.htm>. Acesso em: 21 out. 2016.

- **2010 – Lei n. 12.343**. Institui o Plano Nacional de Cultura (PNC), com a finalidade de planejar e implementar políticas públicas de longo prazo (ano de 2020) voltadas à proteção e à promoção da diversidade cultural brasileira. A Emenda Constitucional n. 48, de 2005, havia instaurado planos nacionais de cultura para orientar a política pública nesse setor. Institui, ainda, o Sistema Nacional de Informações e Indicadores Culturais (SNIIC).

    BRASIL. Lei n. 12.343, de 2 de dezembro de 2010. **Diário Oficial da União**, Poder Legislativo, Brasília, DF, 3 dez. 2010. Disponível em: <https://www.planalto.gov.br/ccivil_03/_ato2007-2010/2010/lei/l12343.htm>. Acesso em: 21 out. 2016.

- **2012 – Lei n. 12.761**. Institui o Programa de Cultura do Trabalhador; cria o vale-cultura.

    BRASIL. Lei n. 12.761, de 27 de dezembro de 2012. **Diário Oficial da União**, Poder Legislativo, Brasília, DF, 27 dez. 2012. Disponível em: <http://www.planalto.gov.br/ccivil_03/_ato2011-2014/2012/Lei/L12761.htm>. Acesso em: 21 out. 2016.

- **2014 – Lei n. 13.018**. Institui a Política Nacional de Cultura Viva com a finalidade de ampliar o acesso da população brasileira para o exercício dos direitos culturais (Pontos e Pontões de Cultura).

    BRASIL. Lei n. 13.018, de 22 de julho de 2014. **Diário Oficial da União**, Poder Legislativo, Brasília, DF, 23 jul. 2014. Disponível em: <http://www.planalto.gov.br/ccivil_03/_ato2011-2014/2014/lei/l13018.htm>. Acesso em: 21 out. 2016.

Legislação federal sobre acessibilidade

- **1986 – Decreto n. 93.481**. Dispõe sobre a atuação da administração federal da República do Brasil no que concerne às pessoas portadoras de deficiência; institui a Coordenadoria para Integração da Pessoa Portadora de Deficiência (Corde).

    BRASIL. Decreto n. 93.481, de 29 de outubro de 1986. **Diário Oficial da União**, Poder Executivo, Brasília, DF, 30 out. 1986. Disponível em: <http://www.planalto.gov.br/ccivil_03/decreto/1980-1989/1985-1987/D93481.htm>. Acesso em: 24 jul. 2016.

- **1988 – Constituição da República Federativa do Brasil**, arts. 244 e 247.

    BRASIL. Constituição (1988). **Diário Oficial da União**, Brasília, DF, 5 out. 1988. Disponível em: <http://www.planalto.gov.br/ccivil_03/Constituicao/Constituicao.htm>. Acesso em: 21 out. 2016.

- **1989 – Lei n. 7.853**. Dispõe sobre o apoio às pessoas com deficiência para assegurar o pleno exercício dos direitos individuais e sociais e a integração social.

    BRASIL. Lei n. 7.853, de 24 de outubro de 1989. **Diário Oficial da União**, Poder Legislativo, Brasília, DF, 25 out. 1989. Disponível em: <http://www.planalto.gov.br/ccivil_03/leis/L7853.htm>. Acesso em: 21 out. 2016.

- **1999 – Decreto n. 3.298**. Regulamenta a Lei n. 7.853 e define os tipos de deficiência a partir de nomenclatura adotada após a ratificação, pelo Brasil, da Convenção das Pessoas com Deficiência (ONU). (Política Nacional da Pessoa Portadora de Deficiência).

    BRASIL. Decreto n. 3.298, de 20 de dezembro de 1999. **Diário Oficial da União**, Poder Executivo, Brasília, DF, 21 dez. 1999. Disponível em: <http://www.planalto.gov.br/ccivil_03/decreto/d3298.htm>. Acesso em: 21 out. 2016.

- **2000 – Lei n. 10.048.** Dá prioridade de atendimento às pessoas com deficiência, idosos (com idade igual ou superior a 60 anos), gestantes, lactantes e pessoas com crianças de colo.

   BRASIL. Lei n. 10.048, de 8 de novembro de 2000. **Diário Oficial da União**, Poder Legislativo, Brasília, DF, 9 nov. 2000. Disponível em: <http://www.planalto.gov.br/ccivil_03/leis/L10048.htm>. Acesso em: 21 out. 2016.

- **2000 – Lei n. 10.098.** Promove acessibilidade às pessoas com deficiência ou com mobilidade reduzida; define acessibilidade: "possibilidade e condição de alcance para utilização, com segurança e autonomia, de espaços, mobiliários, equipamentos urbanos, edificações, transportes, informação e comunicação, inclusive seus sistemas e tecnologias, bem como de outros serviços e instalações abertos ao público, de uso público ou privados de uso coletivo, tanto na zona urbana como na rural, por pessoa com deficiência ou com mobilidade reduzida". (Lei da Acessibilidade).

   BRASIL. Lei n. 10.098, de 19 de dezembro de 2000. **Diário Oficial da União**, Poder Legislativo, Brasília, DF, 20 dez. 2000. Disponível em: <http://www.planalto.gov.br/ccivil_03/leis/L10098.htm>. Acesso em: 21 out. 2016.

- **2004 – Decreto n. 5.296**. Regulamenta as Leis n. 10.048 e 10.098.

  BRASIL. Decreto n. 5.296, de 2 de dezembro de 2004. **Diário Oficial da União**, Poder Executivo, Brasília, DF, 3 dez. 2004. Disponível em: <http://www.planalto.gov.br/ccivil_03/_ato2004-2006/2004/decreto/d5296.htm>. Acesso em: 21 out. 2016.

- **2009 – Estatuto de Museus**, arts. 29, 31, 35 e 42.

  BRASIL. Lei n. 11.904, de 14 de janeiro de 2009. **Diário Oficial da União**, Poder Legislativo, Brasília, DF, 15 jan. 2009. Disponível em: <http://www.planalto.gov.br/ccivil_03/_Ato2007-2010/2009/Lei/L11904.htm>. Acesso em: 21 out. 2016.

Respostas

Capítulo 1

1. F, V, V, V.
2. e
3. V, V, F, V.
4. d
5. e

Capítulo 2

1. b
2. V, V, V, F, F.
3. d
4. b
5. a

Capítulo 3

1. II, I, II, II, I, I, I, I, II.
2. V, F, V, V, V, F.
3. e
4. d
5. e

Capítulo 4

1. V, V, V, V.
2. d
3. I, II, II e I.
4. IV, I, V, II e III.
5. c

Sobre a autora

Tatiana Dantas Marchette é doutora em História pela Universidade Federal do Paraná (UFPR) e se dedica ao desenvolvimento de projetos culturais nas áreas de patrimônio e memória urbana na condição de sócia-gerente da empresa Factum Pesquisas Históricas, desde 1996. A Factum foi ganhadora do Prêmio Rodrigo Melo Franco de Andrade, oferecido pelo Instituto Histórico e Artístico Nacional (IPHAN) em parceria com o Ministério da Cultura (MinC), na categoria regional Divulgação pelo trabalho de publicação da coleção *A capital*.

Entre 2003 e 2009, atuou como coordenadora da Divisão de Documentação Permanente do Arquivo Público do Paraná. É membro do Conselho Internacional de Monumentos e Sítios (Icomos/Brasil) e da Comissão de Acervos da Diretoria do Patrimônio da Fundação Cultural de Curitiba. É autora das obras: *A história e a cidade: o olhar multidisciplinar sobre o fenômeno urbano*, Editora InterSaberes (no prelo), e *Um esboço para dois Brasis: a trajetória político-intelectual do historiador Brasil Pinheiro Machado*, publicado pela Editora da UFPR.

Os papéis utilizados neste livro, certificados por instituições ambientais competentes, são recicláveis, provenientes de fontes renováveis e, portanto, um meio **respons**ável e natural de informação e conhecimento.

Impressão: Reproset